土木建筑大类专业系列新形态教材

房地产项目策划

李　敏■主　编
蒋　英　华　梅■副主编

清华大学出版社
北京

内容简介

本书从房地产项目策划的实际需求出发,结合新的网络营销形式,以模块化、任务化的形式构建教学内容体系。本书将理论与实践相结合,使读者既能学习一定的理论知识,又能提高业务操作能力。全书共分为5个模块共23个任务,具体包括房地产项目策划准备、房地产市场调研、房地产项目STP营销战略定位、房地产项目营销组合策划、房地产网络营销。

本书可作为高等院校房地产经营与管理、现代物业管理、建设工程管理、建筑经济信息化管理等专业的教材,也可作为房地产营销代理公司、房地产开发企业的参考或培训用书。

本书封面贴有清华大学出版社防伪标签,无标签者不得销售。
版权所有,侵权必究。举报:010-62782989,beiqinquan@tup.tsinghua.edu.cn。

图书在版编目(CIP)数据

房地产项目策划 / 李敏主编. -- 北京:清华大学出版社,2024.9. -- (土木建筑大类专业系列新形态教材). -- ISBN 978-7-302-67419-1

Ⅰ. F293.35

中国国家版本馆 CIP 数据核字第 2024YS8959 号

责任编辑:杜 晓 鲜岱洲
封面设计:曹 来
责任校对:刘 静
责任印制:曹婉颖

出版发行:清华大学出版社
网　　址:https://www.tup.com.cn,https://www.wqxuetang.com
地　　址:北京清华大学学研大厦A座　　　邮　　编:100084
社 总 机:010-83470000　　　邮　　购:010-62786544
投稿与读者服务:010-62776969,c-service@tup.tsinghua.edu.cn
质量反馈:010-62772015,zhiliang@tup.tsinghua.edu.cn
课件下载:https://www.tup.com.cn,010-83470410

印 装 者:三河市君旺印务有限公司
经　　销:全国新华书店
开　　本:185mm×260mm　　　印　　张:13　　　字　　数:294千字
版　　次:2024年10月第1版　　　印　　次:2024年10月第1次印刷
定　　价:49.00元

产品编号:108323-01

前　言

随着房地产行业不断转型升级及互联网技术的日新月异,房地产项目营销手段也在不断优化调整。为满足行业企业对专业人才的需求,本书编者结合自身的教学经验及企业一线工作实践,深入研究房地产项目营销新形式,在参阅大量书籍与文献资料的基础上,通过精心编排教学环节、组织教学内容、筛选营销案例,去糙取精,最终编写出此书。

本书具有以下特点。

(1) 产教融合,实用至上。本书为校企合作编写,从深入剖析房地产策划人员的职业能力出发,按照房地产策划岗位的工作流程,将全书划分为5个模块共23个任务,助力读者系统地掌握房地产项目策划的核心知识与技能。

(2) 任务引领,学做结合。本书采用任务驱动的编写思路,将房地产策划人员的各项技能要求转化为具体且实用的任务,根据完成任务的实际工作过程组织内容,达到"做中学"的效果,提升学习的趣味性。

(3) 资源丰富,学习无忧。本书配备了丰富的教学案例、微课视频资源和拓展阅读资料,读者可随时随地扫描二维码学习。在激发读者学习兴趣的同时,有效辅助混合式教学的开展,以提高学习效率。

(4) 素质为本。本书内容融入敬业、责任、创新、守法、绿色理念、文化自信、自主学习、沟通协调与团队合作等元素,旨在培养经世济民、诚信服务、德法兼修的职业素养,契合新时代房地产专业人才的培养目标。

本书由江苏城乡建设职业学院李敏担任主编,江苏城乡建设职业学院蒋英、华梅担任副主编。具体编写分工如下:模块一由华梅编写,模块二由蒋英编写,模块三～模块五由李敏编写。常州同策房产咨询有限公司广告部王胤涵总经理为本书提供了案例素材,并对本书的编写进行了实践指导,在此表示感谢。

本书是江苏城乡建设职业学院重点教材建设项目资助对象，在本书编写过程中得到了学校、二级学院领导和同事的大力支持与帮助，在此表示衷心的感谢。

　　本书编写过程中参考了较多的房地产相关文献资料，在此，对这些文献资料的原创作者致以诚挚的感谢。由于编者学识、眼界及经验的局限，书中难免有不当之处，恳请广大读者批评指正。

编　者
2024 年 5 月

目 录

模块一　房地产项目策划准备 ·· 1
　　任务一　了解房地产营销策划 ·· 2
　　任务二　认识房地产营销代理 ······································· 10
　　任务三　认识房地产营销代理公司 ··································· 14
　　任务四　了解代理业务洽谈委托 ····································· 18
　　任务五　认识房地产营销策划岗位 ··································· 25

模块二　房地产市场调研 ·· 33
　　任务一　房地产市场调研准备 ······································· 36
　　任务二　房地产市场环境调研 ······································· 44
　　任务三　消费者需求调研 ··· 51
　　任务四　竞争对手调研 ··· 62
　　任务五　项目自身条件调研 ··· 68

模块三　房地产项目 STP 营销战略定位 ································ 74
　　任务一　房地产市场细分 ··· 75
　　任务二　房地产目标市场选择 ······································· 80
　　任务三　房地产市场定位 ··· 84

模块四　房地产项目营销组合策划 ···································· 99
　　任务一　房地产项目产品策划 ······································ 100
　　任务二　房地产项目价格策划 ······································ 118
　　任务三　房地产项目包装策划 ······································ 130
　　任务四　房地产项目广告策划 ······································ 139
　　任务五　房地产项目活动策划 ······································ 150

模块五　房地产网络营销 ··· 156
　　任务一　了解房地产网络营销 ······································ 157
　　任务二　房地产项目网站营销 ······································ 159
　　任务三　房地产项目"微"营销 ···································· 170
　　任务四　房地产项目短视频营销 ···································· 181
　　任务五　房地产项目直播营销 ······································ 187

参考文献 ·· 199

模块一　房地产项目策划准备

案例导入

楼面价 11558 元/m²，某房地产企业 13.39 亿元竞得 N 地块。

××××年7月10日上午，N 地块进行网络竞拍，地块起拍价为 11.59 亿元，最终由某房地产企业竞得，成交价为 13.39 亿元，N 地块供地结果如表 1-1 所示。据悉，参与此次竞拍的房企有多家，且有企业是两家合作竞拍，参与房企主要是周边几个在售项目开发商，由此可见房企对 N 地块未来发展信心十足。

表 1-1　N 地块供地结果信息表

行政区	钟楼区		
项目名称	龙江中路东侧×××侧		
项目位置	龙江中路东侧×××侧		
合同编号	3204012020CR0053	电子监管号	3204042020B00309
面积（公顷）	6.4360	土地来源	存量国有建设用地面积
土地用途		供地方式	拍卖出让
土地使用年限	70	行业分类	房地产业
土地级别	四级	成交价格/万元	133900
分期支付约定	支付期号　　约定支付日期 1　　　　　20××-08-23 00:00:00		约定支付金额/万元 66950
土地使用权人	常州××企业有限公司		
约定容积率	下限：1　　上限：1.8	约定交地时间	20××-10-23
约定开工时间	20××-07-23	约定竣工时间	20××-07-22
批准单位	常州市人民政府	签订日期	20××-07-24

地块位于××街道，东至×路、南至×路、西至×路、北至×路，图 1-1 为 N 地块航拍图。项目占地 64360m²，容积率 1～1.8，建筑密度≤22%，建筑高度≤60m。沿高架路第一界面沿线住宅建筑立面处理以公建化为主，建筑面宽不大于 35m，高度不大于 54m；沿童子河南侧第一界面建筑高度不超过 35m。

目前区域内在售楼盘有启宸、都会、九礼、云府等。其中，启宸在售均价在 16000 元/m²，九礼洋房在售均价 23000 元/m²，云府精装高层在 20000 元/m² 左右。此外，都会在售均价在 18000 元/m² 左右。

图 1-1　N 地块航拍图

为了实现项目的收益最大化,作为开发商项目负责人请思考以下问题。
1. 如何对本地块开展营销策划?
2. 是否有必要聘请专业的房地产营销代理公司进行策略指导?

资料来源:常州市自然资源和规划局和常州土地招商公众号有关资料整理。

任务一　了解房地产营销策划

任务目标

1. 熟悉房地产营销策划的基本理论。
2. 掌握房地产营销策划的流程。
3. 培养学生的自主学习意识。

任务背景

方圆是某高职房地产经营与管理专业的学生,即将到企业进行最后的毕业综合实践。在学校举办的就业招聘会上,经过面试,方圆成功地被 A 房产咨询有限公司选中实习,主要从事房地产营销策划工作。

为了对房地产营销策划岗位有较清晰的认识,顺利完成实习工作,方圆通过查阅相关资料、向专业人士请教等途径,对房地产营销策划基础知识进行了学习,以下是她的学习内容。

知识准备

一、营销和策划

(一) 市场营销

市场营销(marketing)又称为市场学、市场行销或行销学,简称"营销",是指个人或集体通过交易其创造的产品或价值,以获得所需之物,实现双赢或多赢的过程。它包含两种含义,一种是动词理解,指企业的具体活动或行为,这时称之为市场营销或市场经营;另一种是名词理解,指研究企业的市场营销活动或行为的学科,称为市场营销学、营销学或市场学等。市场营销的最终目标是满足需求和欲望。

(二)策划

策划是指积极主动地想办法、订计划。它是一种策略、筹划、谋划或者计划、打算,是个人、企业、组织结构为了达到一定的目的,在充分调查市场环境及相关联的环境的基础之上,遵循一定的方法或者规则,对未来即将发生的事情进行系统、周密、科学地预测并制订科学的可行性的方案。

策划有以下七个主要的特点。

(1)策划的本质是一种思维智慧的结晶。

(2)策划具有目的性。不论什么策划方案,都有一定的目的。

(3)策划具有前瞻性、预测性。策划是人们在一定思考及调查的基础之上进行的科学的预测,因此具有一定的前瞻性。

(4)策划具有一定的不确定性、风险性。策划既然是一种预测或者筹划,就一定具有不确定性或者风险。

(5)策划具有一定的科学性。策划是人们在调查的基础之上,进行总结、科学地预测。策划不是一种突然的想法,或者突发奇想的方法,它是建立在科学的基础之上进行的预测、筹划。

(6)策划具有科学的创意。策划是人们思维智慧的结晶,策划是一种思维的革新,具有创意的策划才是真正的策划。策划的灵魂就是创意。

(7)策划具有可操作性。这是策划方案的前提,如果一个策划连最基本的可操作性都没有,那么这个策划方案,再有创意、再好,也是一个失败的策划方案。

(三)营销和策划的关系

市场营销和策划是商业领域中两个非常重要的概念,两者既相互联系又有区别。

首先,策划是营销的前提和基础,两者都涉及企业的整体战略和未来发展。可以说,策划提供了方向和策略,而营销则是这些策略得以实施的重要手段,两者相互配合,共同推动企业的发展。

其次,它们之间也有区别。策划更注重全面、系统和战略的规划,是对整个企业的未来发展进行设计和布局;而营销则更侧重于具体的市场活动和销售行为,是为了推广产品或服务,与消费者建立关系。

可以说策划是战略性的,是为实现长期战略目标而进行的规划,而营销则是战术性的,是实现短期销售目标的手段。营销和策划既相互独立又相互依存,共同构成了企业成功的重要支柱。

二、房地产营销策划概述

(一)房地产营销策划概念

房地产营销策划是指围绕房地产项目的具体目标,在进行充分市场调研的基础上,为房地产项目从项目定位、产品设计到营销定位、推广、销售等一系列工作提供合理化建议和策略以及具体执行，并根据项目不同阶段、不同情况提供不同的解决方案，是一项综合性很强的工作。这一过程涵盖了市场调研、项目定位、销售策略、推广方案等多个方面，旨在提升项目的市场影响力和竞争力，确保实现企业的营销目标。

房地产项目营销策划是一个全程营销策划的过程，随着市场竞争加剧和消费者需求的变化，大多数房地产开发项目均把重点放在营销策划上，营销策划在很大程度上已被视为项目制胜的关键。随着市场竞争加剧、消费者需求变化和技术进步，房地产营销也面临着新的机遇和挑战。以下是一些当前和未来可能继续发展的主要趋势。

1. 智能化与数据分析应用

随着大数据、人工智能等技术的不断进步，房地产营销策划正逐渐实现智能化。通过收集和分析大量数据，企业可以更精准地了解消费者需求、市场趋势和竞争态势，从而制订更加有效的营销策略。智能化技术还可以帮助实现精准营销，提高营销效率和效果。

2. 线上线下融合

互联网和移动设备的普及使得线上线下融合成为房地产营销的新趋势。线上平台可以为企业提供更广泛的宣传渠道，吸引更多潜在客户；而线下实体展厅则可以为客户提供更加直观、深入的体验，增强客户的购买意愿。线上线下相互融合，可以形成互补优势，提升整体营销效果。

3. 个性化与定制化

消费者需求的多样化和个性化趋势越来越明显，房地产营销策划也需要更加注重个性化和定制化。企业需要根据不同客户的需求和偏好，制订个性化的营销策略和方案，提供定制化的产品和服务，以满足客户的个性化需求。

4. 跨界合作与资源整合

为了扩大市场份额和优化资源配置，房地产企业开始积极寻求与其他行业的跨界合作。例如，与金融机构合作提供金融服务，与旅游机构合作开发旅游地产项目等。通过跨界合作和资源整合，企业可以实现资源共享、优势互补，提升整体竞争力。

5. 品牌建设与差异化竞争

在竞争激烈的房地产市场中，品牌建设和差异化竞争成为企业脱颖而出的关键。企业需要注重品牌形象的塑造和传播，打造独特的品牌文化，以吸引和留住客户。同时，企业还需要通过创新产品和服务，形成差异化竞争优势，提升市场份额和盈利能力。

（二）房地产营销策划类型

1. 按房地产开发阶段分类

按房地产开发阶段分类，房地产营销策划可分为开发前的营销策划、开发阶段的营销策划、销售阶段的营销策划和物业管理阶段的营销策划。

（1）开发前的营销策划。重点是房地产项目营销机会威胁分析、投资方向选择、投资场地选择、营销风险分析、竞争者分析和开发项目定位等。

（2）开发阶段的营销策划。重点是供需分析、市场调查、主题策划、包装策划等，了解并引导消费者的消费观念，打造良好的营销环境。

（3）销售阶段的营销策划。重点是调查研究购房者的具体需求和购房动机、品牌策划、价格组合策略、楼盘资源组合策略(如开展配套促销)、促销策划等。

(4)物业管理阶段的营销策划。重点是物业管理的宣传、利用业主进行老带新助销等。

2. 按房地产营销管理内容分类

按房地产营销管理内容来分,可分为房地产市场调查策划、房地产市场定位策划、房地产产品策划、房地产价格策划、房地产包装策划、房地产广告策划、房地产活动策划、房地产销售策划等。具体内容将在以后的章节中分别阐述。

(三)房地产营销策划原则

房地产营销策划的原则是确保营销活动既符合市场需求,又能有效推动项目的销售与品牌建设,遵循这些原则,房地产营销策划将更加科学、有效,有助于提升项目的市场竞争力,实现更好的销售业绩。以下是一些关键的房地产营销策划原则。

1. 独创性原则

在房地产项目的定位、建筑设计的理念、策划方案的创意以及营销推广的策略上,都需要有独创性和新意。没有独特之处,是很难在市场竞争中脱颖而出的。

2. 整合原则

营销策划需要考虑各方面的资源,包括人力资源、物力资源、财力资源等,并进行有效的整合,以实现最佳的营销效果。

3. 客观性原则

营销策划必须从客户和市场需要出发,实事求是地进行分析,不能脱离实际,更不能凭主观臆断进行策划。

4. 可行性原则

营销策划方案必须是可行的,能够在实际操作中顺利实施,确保达到预期的效果。

5. 应变原则

由于房地产市场的变化多端,营销策划必须具有灵活性和应变能力,能够根据市场变化及时调整策略,确保营销活动的顺利进行。

(四)市场营销的主要理论

1. 4P 理论

4P 理论又称为 4P 营销理论,是市场营销领域的一个基础理论,由美国营销学学者杰罗姆·麦卡锡教授于 20 世纪 60 年代提出,具体指的是产品(product)、价格(price)、渠道(place)、促销(promotion)四个策略的组合,如图 1-2 所示。

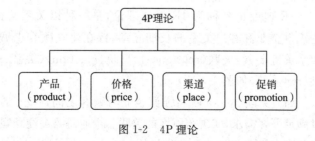

图 1-2 4P 理论

(1) 产品(product)：企业提供给目标市场的商品或服务，包括产品的功能、品质、品牌、包装等。企业需要关注产品的设计和开发，确保产品能满足消费者的需求和期望。

(2) 价格(price)：涉及产品的定价策略，包括基本价格、折扣、付款期限等。企业需要考虑成本、市场需求、竞争状况等因素，制订出合理的价格策略。

(3) 渠道(place)：也称分销或配销，指产品从生产者流向消费者所经过的路线，包括产品的仓储、运输、销售等环节。企业需要选择合适的渠道来确保产品能够顺利到达目标市场。

(4) 促销(promotion)：企业通过各种方式向消费者传递产品信息，激发其购买欲望和购买行为的活动，包括广告、公关、销售促进、人员推销等。

2. 4C 理论

4C 理论也被称为 4C 营销理论，是由美国营销专家劳特朋教授在 1990 年提出的。这一理论与传统的 4P 理论相对应，但有着显著的区别。4C 理论的核心是以消费者需求为导向，重新设定了市场营销组合的四个基本要素，即消费者(consumer)、成本(cost)、便利(convenience)和沟通(communication)，如图 1-3 所示。

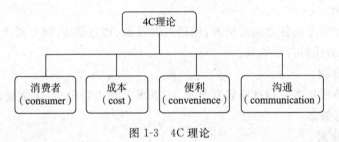

图 1-3　4C 理论

(1) 瞄准消费者需求(consumer's need)：首先要了解、研究、分析消费者的需要与欲求，而不是先考虑企业能生产什么产品。

(2) 消费者所愿意支付的成本(cost)：首先了解消费者满足需要与欲求愿意付出多少钱(成本)，而不是先给产品定价，即向消费者要多少钱。

(3) 消费者的便利性(convenience)：强调企业在制订销售策略时，应充分考虑如何方便消费者使用，提供便捷的购买和使用体验。

(4) 与消费者沟通(communication)：要求企业以消费者为中心，实施有效的营销沟通，建立与消费者的双向互动，确保信息的准确传达和接收。

3. 4R 对应理论

4R 理论也被称为 4R 营销理论，是一种以关系营销为核心的理论，它注重企业和客户关系的长期互动，旨在建立顾客忠诚。这一理论包括四个关键要素：关联(relevance)、反映(reaction)、关系(relationship)和报酬(reward)，如图 1-4 所示。

拓展阅读 1-1
市场营销常用的十九种理论

(1) 关联(relevance)：强调企业与顾客之间建立长期、稳定的关系，通过满足顾客需求，实现与顾客的关联。企业需要关注顾客的需求和期望，提供与顾客需求相关的产品和服务。

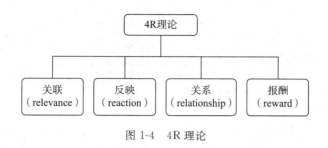

图1-4 4R理论

(2)反映(reaction):企业要及时倾听和回应顾客的需求和反馈,灵活调整市场策略,确保与市场的动态变化保持同步。企业需要具备敏锐的市场洞察力,及时捕捉市场变化,并作出相应的反应。

(3)关系(relationship):强调建立长期、稳定的顾客关系,通过提供优质的产品和服务,增强顾客的满意度和忠诚度。企业需要注重与顾客的沟通和互动,建立深厚的情感联系。

(4)报酬(reward):企业通过与顾客建立合作关系,实现双方的互利共赢。企业需要制订合理的利润分配机制,确保顾客能够感受到与企业合作的价值和回报。

三、房地产营销策划的流程

策划具有一定的基本程序,主要包括:界定问题→收集信息→产生创意→撰写策划书→执行策划。结合策划的基本程序和房地产营销策划的特点,房地产营销策划主要划分为如下六个阶段:初步市场研究、签署合作协议、详细市场研究、市场定位策划、营销策略组合策划和营销执行实施,如图1-5所示。

(一)初步市场研究

与项目方初步接洽,对项目进行初步考察,掌握基本情况和信息,对项目的可操作性做出初步结论。

1. 确定初步印象

对项目方提供的基本材料包括项目位置、规划红线图、项目相关的法律手续文件、项目周边环境、项目所在区域的市政规划、开发商和投资商背景实力、项目的发展意向等初步进行了解,确定初步印象。

2. 拟订考察计划

根据项目的当前状况和开发进度,初步拟定考察的具体内容和范围,确保下一步实地调研工作能够顺利展开。

3. 开展实地调研

根据项目的具体情况和拟定的考察计划,立即成立专案项目组赴实地进行初步调研,以确保获取第一手的现场信息和资料,同时了解开发商的合作意向。

4. 可操作性分析

结合调研数据,分析项目本身的可操作性和合作的可能性。

5. 提出总体思路

提出项目操作的总体策划思路。

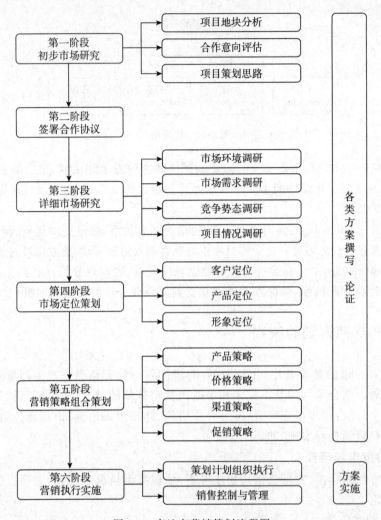

图 1-5　房地产营销策划流程图

（二）签署合作协议

确定项目操作的总体思路后,则与项目方洽谈合作事宜,签定项目顾问服务合同或销售代理合同,明确合作双方、合作方式、合作内容、时间、权利、义务,付费标准与付款方式等。

（三）详细市场研究

根据初步考察的结果,制订详细的正式市场调查计划,组成市调小组和策划专家组。市调小组赴项目所在地做正式市场调查。

1. 宏观环境调查分析

宏观环境调查包括政治法律环境、经济环境、社区文化环境、城市房地产市场、城市规划等方面的调查。

2. 市场需求调查分析

通过了解消费者的个人基本信息、经济状况、家庭结构、消费动机、偏好和行为模式等，企业可以更准确地把握消费者需求，为产品设计和营销策略制订提供依据。

3. 竞争势态调查分析

竞争势态调查包括竞争项目和竞争企业调研。竞争项目调查主要是对项目的区位情况、项目规模、规划建设条件、户型比例、配套设施等进行详细分析，以及竞争对手的情况及销售渠道的调查。竞争企业主要是对企业的基本状况、经营思想、管理模式、营销策略等进行深入了解。

4. 项目情况调查分析

对项目的技术经济指标、用地现状、规划设计、建设进度、销售情况和物业服务等进行全面分析。

5. 分析总结

运用SWOT分析法进行分析总结，分析出公司所处的各种环境因素，即外部环境因素和内部能力因素。

（四）市场定位策划

根据深入的市场分析结果，明确项目的客户定位、产品定位、形象定位等，为项目开发提供切实可行的依据。

（五）营销策略组合策划

结合4P理论策略，精准定位产品，满足消费者需求，合理定价，体现竞争优势，多元渠道推广，扩大市场影响力，创意促销，激发消费者购买欲望。

（六）营销执行实施

1. 策划计划组织执行

各类策划方案通过论证后，开发商要组织相关专业公司分工合作，严格遵循策划方案，确保各环节有序进行。面对客观环境变化，执行者需保持敏锐洞察，及时调整策略。执行过程中，不断检查进度与效果，发现问题及时修正。通过螺旋式推进，持续优化营销方案，确保目标达成。只有灵活应变、持续改进，方能实现房地产营销的最佳效果。

2. 销售控制与管理

销售控制与管理在项目运营中占据举足轻重的地位，涵盖了策划、组织以及销售活动的全程控制。针对房地产项目销售的不同阶段，需要精心制订与之匹配的销售计划，合理配置销售人员，准备完善的销售文件与道具，并营造专业、高效的销售现场。在销售执行过程中，实施全程监控，一旦发现任何偏差或市场机遇，立即启动灵活的策略调整机制，确保销售活动的稳健推进，并最终实现预定的销售目标。

在以上房地产策划流程实施的过程中，开发商会组织相关专业公司针对关键问题或关键节点提供不同的营销策略报告，并需要经常召开合作双方负责人及有关专家的论证会，对提交的方案报告进行研讨、论证与审核。由策划组人员根据讨论结果对方案作进一步的完善与改进。

能力训练

1. 利用网络搜索工具和相关房地产网站，分组下载几份房地产营销策划报告，分析报告的写作目的和组成结构，列出房地产营销策划报告的主要内容。
2. 学生分组讨论，派代表分享小组成果。

拓展阅读 1-2
改革开放以来
我国房地产业
政策简史

任务二　认识房地产营销代理

任务目标

1. 能阐述房地产营销代理的基本内涵。
2. 了解房地产营销代理行业发展趋势。
3. 具有明晰的职业生涯规划。

任务背景

了解了房地产营销策划的基础知识后，方圆迷惑了，开发商可以自行进行房地产项目策划，为什么还存在营销代理？自己今后在这个行业会是什么角色？面对行业的数智化转型发展和营销渠道的变革，房地产营销代理行业何去何从呢？

知识准备

一、房地产营销代理概述

房地产营销策划是房地产企业经营活动的主线。在整个营销策划流程中，重要和关键问题一般由房地产开发经营企业自行决策和实施，而将房地产营销一些具体活动委托房地产经纪机构代理完成，这就是房地产营销代理。目前主要是房地产市场调查、营销策划和销售代理。

房地产营销代理业是随着房地产开发行业的市场化运作应运而生的，1988年12月28日，中国第一家房地产专业咨询机构——深圳国际房地产咨询股份有限公司诞生，标志着我国房地产中介业新的开端。但是，此后几年，由于整个住房体制改革尚未全面展开，包括房地产中介业在内的整个中国房地产业市场化水平很低，1996年《城市房地产中介服务管理规定》颁布施行后，房地产经纪行业的地位逐步为社会所承认。1998年开始全面进行住房体制改革，到2000年效果开始全面显现，中国房地产业市场化进程快速推进，商品住宅消费观念全面形成，房地产代理业和居间业开始同步进入快速发展时期。

从我国房地产经纪业的发展史看，特别是房地产代理行业一直在不停地应对自身商业模式(服务模式、业务模式)上的变革:从最初的类似批发零售性质的"包销"模式,到按销售业绩获取点数的"联合销售"模式,或者只负责广告、策划的营销推广模式,再到目前流行全案策划、全程代理的"综合运营"模式,以及时下初见端倪的"网络化"销售模式,代理行业的模式变革贯穿其整个发展历程。

二、房地产经纪和房地产经纪人

(一)了解房地产经纪

1. 房地产经纪的定义

房地产经纪是商品经济发展到一定阶段而出现的促成房地产商品交易的一种中介服务活动,可以提高交易效率、降低交易成本,是一种有偿的经济活动。房地产经纪的完整定义可以表述为:房地产经纪人员和房地产经纪机构为促成委托人与第三方进行房地产交易而提供居间或代理等专业服务,并收取佣金的行为。

2. 房地产经纪的活动方式

按服务方式分类,房地产经纪可以分为房地产居间和房地产代理两大类。

1)房地产居间

房地产居间是指向委托人报告订立房地产交易合同的机会或者提供订立房地产交易合同的媒介服务,并向委托人收取佣金的行为。

房地产居间的特点:服务对象广泛,但服务的程度较浅,经纪人与委托人之间缺乏长期固定的合作关系。

2)房地产代理

房地产代理是指以委托人的名义,在委托协议约定的范围内,代表委托人与第三人进行房地产交易,并向委托人收取佣金的行为。其中,商品房销售代理是目前房地产代理活动的主要类型,一般由房地产经纪机构接受房地产开发商委托,负责商品房的市场推广和具体销售工作。

房地产代理的特点:经纪人或经纪机构与委托人之间有较长期稳定的合作关系,经纪人或经纪机构只能以委托人的名义开展活动,不承担活动中产生的责任,且只收取委托人的佣金。

(二)房地产经纪人

1. 房地产经纪人的定义

我国对房地产经纪人员实行职业资格制度。根据可从事的房地产经纪业务范围的不同,房地产经纪人员职业资格分为房地产经纪人执业资格和房地产经纪人协理从业资格两种。

(1)房地产经纪人是指经过全国房地产经纪人执业资格考试合格或者资格互认,取得中华人民共和国房地产经纪人执业资格,并按照有关规定注册,取得中华人民共和国房地产经纪人注册证书,从事房地产经纪活动的专业人员。

房地产经纪人有权依法发起设立或加入房地产经纪机构,承担房地产经纪机构关键岗位的工作,指导房地产经纪人协理执行各种房地产经纪业务,经所在房地产经纪机构授权与客户订立房地产经纪合同等重要业务文书,执行房地产经纪业务并获得合理报酬。房地产经纪人可以在全国范围内执业。

(2)房地产经纪人协理是指通过房地产经纪人协理从业资格考试或者资格互认,取得中华人民共和国房地产经纪人协理从业资格,并按照有关规定注册,取得中华人民共和国房地产经纪人协理注册证书,在房地产经纪人的指导和监督下,从事房地产经纪具体活动的协助执行人员。房地产经纪人协理只能在注册地所在的行政区域内从业。

2. 房地产经纪人的收入来源

房地产经纪人的经济收入来源于交易佣金,其性质是劳动收入、经营收入和风险收入的综合体,它是对经纪机构和经纪人开展经纪活动时付出的劳动、支付的成本和承担的风险的总回报。

经纪人的佣金可以分为法定佣金和自由佣金两种。

(1)法定佣金是指经纪人从事特定经纪业务时按照有关部门对特定经纪业务规定的佣金标准获得的佣金。法定佣金具有强制性,当事人各方都必须接受,不得高于或低于该标准。

(2)自由佣金是指经纪人与委托人协商确定的佣金,自由佣金一经确定并写入合同后具有同样的法律效力,违约者必须承担违约责任。

3. 房地产经纪人的权利和义务

1)房地产经纪人的权利

(1)依法发起设立房地产经纪机构。

(2)加入房地产经纪机构,承担房地产经纪机构关键岗位。

(3)指导房地产经纪人协理进行各种经纪业务。

(4)经所在机构授权订立房地产经纪合同等重要文件。

(5)要求委托人提供与交易有关的资料。

(6)有权拒绝执行委托人发出的违法指令。

(7)执行房地产经纪业务并获得合理报酬。

2)房地产经纪人协理享有的权利

(1)房地产经纪人协理有权加入房地产经纪机构。

(2)协助房地产经纪人处理经纪有关事务并获得合理的报酬。

3)房地产经纪人的义务

房地产经纪人、房地产经纪人协理应当履行以下义务。

(1)遵守法律、法规、行业管理规定和职业道德。

(2)不得同时受聘于两个或两个以上房地产经纪机构执行业务。

(3)向委托人披露相关信息,充分保障委托人的权益,完成委托业务。

(4)为委托人保守商业秘密。

(5)接受国务院建设行政主管部门和当地地方政府房地产行政主管部门的监督检查。

(6)接受职业继续教育,不断提高业务水平。

三、房地产营销代理行业发展趋势

房地产营销代理行业是房地产产业链上的一个重要环节,其发展与房地产市场的发展息息相关。随着房地产市场的发展,房地产营销代理行业也在不断壮大,并呈现出以下发展趋势。

(一)服务化

随着房地产市场的竞争加剧,房地产营销代理行业需要提供更加专业、全面的服务,以满足客户的需求。房地产营销代理企业需要不断提升自身的服务水平和专业能力,提供个性化的服务,实现差异化竞争。

(二)信息化

随着互联网技术的发展,房地产营销代理行业需要更加注重信息化建设,以提高服务效率和质量。通过信息化技术,可以实现客户信息的共享和交流,提高服务效率和质量,提高客户满意度。

(三)规模化

房地产营销代理行业需要不断提高自身的规模和实力,以应对市场竞争。通过扩大企业规模和提高企业实力,可以获得更多的市场份额和客户资源,提高企业的竞争力。

(四)专业化

房地产营销代理行业需要更加注重专业化发展,以提高服务质量和水平。通过专业化分工,可以更好地满足客户的需求,提高服务质量和水平。

> **案例 1-1**
>
> 2023年中国房地产代理公司市场发展概况分析:预计2025年房地产代理公司收入规模将达到968.8亿元。
>
> 房地产代理公司是指专业为房地产公司(开发商)提供房地产专业的楼盘策划和销售代理的服务机构,业务集中在产品定位到案场包装、物料设计、媒体计划、广告推广、房地产销售代理、回笼资金等,如图1-6所示。

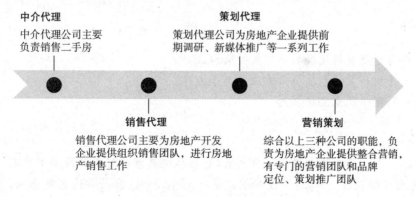

图1-6 房地产代理公司分类

目前，国内房地产代理公司行业较大企业主要集中在国内一、二线城市，以北京、上海、广东、江浙为主要集中地区。房地产代理行业作为现代服务业的一个重要分支，在房地产行业中的作用已经日益显现。2022年，我国房地产代理公司收入规模约为774.9亿元，同比增长6.93%；预计2025年房地产代理公司收入规模将达到968.8亿元。图1-7展示了2019—2025年中国房地产代理公司收入规模预测及增速。

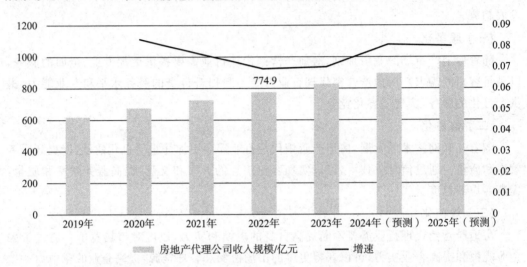

图1-7　2019—2025年中国房地产代理公司收入规模预测及增速

能力训练

1. 网络调研和现场调研相结合，分组对当地两三家房地产开发企业进行调研，了解其是否与营销代理公司合作，合作的业务范围包括哪些？
2. 学生分组讨论，派代表分享小组成果。

任务三　认识房地产营销代理公司

任务目标

1. 了解房地产营销代理公司的组织架构。
2. 掌握房地产营销代理公司的主要工作内容。
3. 具有明晰的职业生涯规划。

任务背景

方圆前往A房产咨询有限公司报到后，想要尽快熟悉实习单位的基本情况。在本次任务中，我们将和方圆一起，通过查阅相关资料、专业网站、向同事请教等途径，明确房地产营销代理公司的组织架构和工作内容，了解房地产营销代理公司的组建。

> 知识准备

一、房地产营销代理公司

房地产代理公司是指专业为房地产公司(开发商)提供房地产专业的楼盘策划和销售代理的服务机构,业务集中在产品定位、案场包装、物料设计、媒体计划、广告推广、房地产销售代理、回笼资金等。

二、房地产营销代理公司的基本架构

根据营销代理公司的主营业务,A房产咨询有限公司主要设置了管理部、研展部、企划部、销售部四大部门,其组织架构设置如图1-8所示。

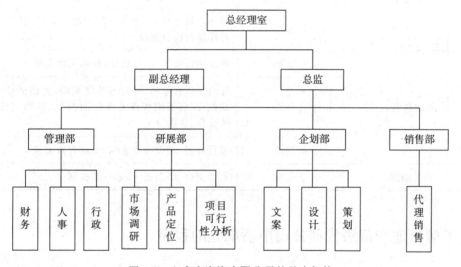

图1-8 A房产咨询有限公司的基本架构

这四大部门的职责如下。
管理部:主要包括行政部、人事部和财务部,负责企业运作。
研展部:负责市场调查分析与研究、产品定位、产品研究、可行性报告撰写与论证。
企划部:负责项目的广告、企划、营销推广。
销售部:销售第一线,负责项目的现场销售执行。

三、了解房地产营销代理公司的业务范围

在知晓公司性质、组织架构的基础上,方圆还了解到A房产咨询有限公司的业务范围主要包括以下四方面:市场调查、项目定位、营销策划、销售代理。

公司具体业务流程及业务范围如表1-2所示。

表1-2　A房产咨询有限公司业务范围一览表

序号	作业流程	主要负责部门	业务范围
1	项目地块评估	研展部	市场背景研究、周边环境及配套研究、地块可行性研究分析
2	项目调查与定位	研展部	市场深入研究、客源调查研究、SWOT分析、市场定位、产品定位、整体推盘计划
3	产品研究	企划部	产品主题、建筑风格、景观建议、户型建议、相关配套设定、设计任务书
4	企划包装	企划部	广告宣传策划、命名建议、推广策略、推广预算
5	业务案前	业务部	案前作业进度安排、案前市场调查、销讲资料、销售流程设计、媒体策略及确定、整体销售策略、整体价格策略、促销活动建议、人员培训
5	业务案前	研展部	市场营销分析、竞争个案深入跟踪分析、销售中心及样板房设计建议
6	销售阶段	企划部	媒体回馈分析、广告设计、媒体策略调整
6	销售阶段	业务部	分阶段销售策略、分阶段价格策略、促销活动建议及执行、现场销售作业及控制、配合签约完成、媒体分析、客源分析
6	销售阶段	研展部	项目月报、相关市场追踪、市场背景关注
7	项目结案	业务部	配合交房、结案报告、客户资料移交

四、了解房地产营销代理公司申请成立的程序

随着对A房产咨询有限公司的了解逐步深入,方圆了解到从事房地产经纪业务,应当设立具有独立法人资格的房地产营销代理公司,并向当地工商行政管理机关办理注册登记手续后才能对外营业。于是,她向公司专业人士请教了有关房地产营销代理公司成立的相关事项,具体成立流程如下。

(一)办理注册登记手续领取营业执照

1. 企业名称核准

企业名称在企业申请登记时,由企业名称的登记主管部门——当地工商行政管理机关进行核定。企业名称应具有房地产经纪行业特征,且须经核准登记注册后方可使用,在规定的范围内享有专用权。

企业申请名称核准时,需向当地工商行政管理机关提交以下申报材料。

(1) 全体投资人签署的企业名称预先核准申请书。

(2) 全体投资人签署的指定代表或者委托代理人的证明。

(3) 出资协议书。
(4) 代表或者代理人的资格证明。
(5) 全体投资人的资格证明。
(6) 可行性研究报告和项目建议书及其批复(限外商投资企业提供)。
(7) 法律、行政法规规定应提交的其他文件、证件。
① 制订公司章程。
② 开立公司验资账户、办理验资报告。
③ 注册公司,领取营业执照。

2. 办理企业组织机构代码证

凭营业执照到国家技术监督局办理组织机构代码证。

3. 开立银行基本账户

凭营业执照、组织机构代码证,去银行开立公司基本账号。

4. 办理税务登记

从事生产经营的纳税人在领取营业执照或者有关部门批准设立之日起三十日内,到税务机关办理税务登记。

为方便企业办事、简化登记手续、降低行政成本,2015年10月1日起,我国全面推行"三证合一、一照一码"登记模式,不再发放企业组织机构代码证和税务登记证。所谓"三证合一",就是将企业依次申请的工商营业执照、组织机构代码证和税务登记证三证合为一证,提高市场准入效率;"一照一码"则是在此基础上更进一步,通过"一口受理、并联审批、信息共享、结果互认",实现由一个部门核发加载统一社会信用代码的营业执照。

(二) 房地产营销代理公司的备案

根据住房城乡建设部《城市房地产中介服务管理规定》,方圆得知:新设立的房地产营销代理公司实施备案制度。房地产营销代理公司应自取得营业执照之日起30日内到当地房地产主管部门办理备案手续,由当地房地产主管部门审核后颁发常州市房地产经纪机构备案证书(以下简称备案证书)。对于符合备案条件的,当地房地产主管部门自受理之日起20个工作日内完成备案证书的颁发工作。

1. 申请办理备案应符合的条件

(1) 依法取得工商营业执照。
(2) 有自己的组织机构和固定的经营场所。
(3) 有三名以上注册房地产经纪人。
(4) 从事二手房居间、代理应有不少于30万元人民币的注册资本;从事楼盘营销代理应有不少于300万元人民币的注册资本。
(5) 机构的主要负责人一般应当由注册房地产经纪人担任,业务员必须是注册房地产经纪人。

2. 申请办理备案手续应提交的材料

(1) 房地产经纪机构备案申请表。
(2) 工商部门颁发的营业执照复印件。
(3) 组织机构代码证复印件。

(4) 税务登记证复印件。
(5) 注册资本证明(验资报告)。
(6) 固定经营场所证明(产权证或租赁合同复印件)。
(7) 机构的组织章程及主要的内部管理制度。
(8) 选举法定代表人的会议决议。
(9) 经理及部门经理的任职文件。
(10) 注册房地产经纪人注册证复印件。
(11) 机构员工花名册及身份证复印件。
(12) 行业主管部门要求填报的其他材料。

能力训练

1. 教师布置讨论情景：分组模拟成立房地产营销代理公司，思考公司名称、组织架构、理念口号等。
2. 学生分组讨论，派代表分享小组成果。

任务四　了解代理业务洽谈委托

任务目标

1. 能通过多种渠道搜集相关信息，寻找代理项目。
2. 了解如何对委托权利主体进行审查。
3. 了解委托合同的签订。
4. 具有积极思考和坚持不懈的职业素养。

任务背景

房地产营销代理公司要想做好营销代理工作、取得良好业绩，首先得主动寻求代理业务，取得项目营销代理权。熟悉实习单位的基本情况后，方圆发现公司同事一直在积极地拓展营销代理业务，公司领导也希望方圆能跟着一起做。本次任务我们将和方圆一起，了解房地产营销代理公司如何寻求代理业务，以及企业在合同签订时有哪些事项需要特别注意？

知识准备

一、了解代理业务的寻求步骤

（一）收集信息

A房产咨询有限公司为寻找代理业务，先制订了计划，并收集了有关代理业务的线索或信息。公司通过常州市自然资源和规划局、中国土地市场网、江苏土地市场网等网站了解到近期常州市土地交易情况,如表 1-3 所示。

表 1-3　常州市土地交易情况一览表

序号	地块名称（位置）	出让面积/m²	规划用途	容积率 R	交易方式	底价/万元	成交价/万元	竞得人
1	崇志路东侧、宣时路南侧地块	43408	住宅	1<R≤1.20	挂牌	71600	72100	常州 B 房地产开发有限公司
2	青龙西路南侧、后曹路西侧地块	51618	住宅	1<R≤1.50	挂牌	100700	101700	常州 C 房地产开发有限公司
3	龙江中路东侧、童子河路南侧(N地块)	64360	商住	1<R≤1.80	挂牌	115900	133000	常州 A 企业有限公司
4	紫林路南侧、龙锦路西侧地块	49566	住宅	1<R≤1.20	挂牌	89200	90200	常州 D 房地产开发有限公司

(二) 寻找代理业务的渠道和方法

(1) 通过广泛、良好的人际关系,紧紧抓住地块信息的第一来源,第一时间得知地块拍卖信息和竞拍情况[包括政府相关部门(尤其是国土局)、开发商、设计院、景观设计公司、广告公司、模型公司、相关专业网站、拍卖公司、拍卖现场]。

(2) 地毯式拜访,包括电话拜访、上门拜访、信函拜访等。

(3) 客户、朋友介绍联系。

(4) 向服务过的客户寻求继续合作的机会。

(5) 等待客户自己主动联系业务。

(三) 筛选

常州日昇营销代理公司对以上收集到的信息资料进行了筛选,分别对开发商、项目两方面进行了初步考察,结合本公司自身规模和实力,初步选择出需要代理服务的开发商的名单——常州 A 企业有限公司。

开发商评估:开发商的实力、开发商的信誉、是否下设营销部门、是否有寻求代理商的意向、接洽代理公司数量等。

项目评估:地块综合评价、产品规划、市场风险等。

(四) 了解开发商的基本情况

A 房产咨询有限公司深入了解开发商的基本情况、目前销售情况、开发商有无寻求代理服务的意向或打算采取何种方式寻求代理服务、开发项目的市场前景预测、竞争项目的情况以及开发商的经验、资金状况、专业技术水平。

A 房产咨询有限公司了解到 N 地块的竞得者——常州 A 企业股份有限公司的基本情况如下。

A 企业股份有限公司成立于 19×× 年,经过四十余年的发展,已成为国内领先的城乡建设与生活服务商,公司业务聚焦全国经济最具活力的三大经济圈及中西部重点城市。

2016年公司首次跻身《财富》"世界500强",2023年度在"中国房地产品牌价值100强榜单"中排行第二。

　　A企业股份有限公司自2013年首进常州,从武进区30万 m^2 大盘到新北区的君望甲第,再到金坛区的理想城,A企业以不凡的城市远见和强大的板块运营能力,构筑人居理想版图。A企业于20××年7月,在天宁区、钟楼区核心区又一举摘得两席土地,更加坚定了A企业深耕常州的决心。

　　N地块将是常州A企业股份有限公司在该区域的第二个楼盘,另一个项目就在本地块北侧,已基本售完。本项目位于中吴大道与崇贤路交界口,地理位置优越,总建筑面积可达15.55万 m^2。

二、代理项目的初步调查

　　为能顺利取得N地块项目的全程营销代理权,帮助指导开发商对地块作出初步定位和投资决策,A房产咨询有限公司对N地块进行了初步调查。以下是方圆对N地块所做的调查内容。

(一) 房地产市场环境调查分析

　　重点调查:地区的政治法律环境、经济环境、社会文化环境、自然环境等,由此总结出目前项目所在地区房地产市场发展的大环境。

(二) 区域内在售项目调查分析

　　重点调查:区域内可能的竞争项目,包括目前在售的、在建的项目,调查内容主要包括楼盘的供应量、产品设计、销售价格、营销活动等。通过对这些楼盘的总结,挑选出其中能够代表本区域的典型项目,对区域市场的特征进行总结分析,尤其是通过对新楼盘的分析,总结和预测区域市场的未来走势。

(三) 目标消费者需求调查分析

　　目标消费者需求调查分析主要针对目标消费者对产品的需求进行了调查,包括需求动机、需求影响因素、购买行为、购买偏好等,如户型、建筑风格、景观、装修标准的偏好,这些研究将有助于开发商开发出适销对路的产品。

三、代理业务的委托洽谈

　　A房产咨询有限公司与选中的目标客户——常州A企业有限公司进行意向性的接触,洽谈有关委托代理事项,并对以下内容进行审查。

(一) 审查委托人

　　审查委托人主要是查验开发商的营业执照,看其是否具有法人资格。

(二) 审查委托人的经济能力和经营范围

　　(1) 自有资金的数量及注册资金的数量。

　　(2) 有职称的各类专业技术人员的数量。

(3) 从事房地产开发的年限。
(4) 累计竣工的房屋建筑面积和房地产开发投资总额。
(5) 工程质量的合格率和优良率。
(6) 对于实力差、信誉低、经营状况不良的开发商,房地产营销代理有限公司在接受其委托前应慎重考虑。

(三) 审查委托的标的物

为加强商品房预售管理,维护商品房交易双方的合法权益,我国《城市商品房预售管理办法》自1995年1月1日起正式施行,办法规定未取得商品房预售许可证的,不得进行商品房预售。房地产营销代理有限公司应从以下几个方面审核开发商是否具有商品房预售的条件。

(1) 是否已支付全部土地出让金,取得土地使用权证书。
(2) 是否已办妥建设项目的投资立项、规划和施工的审批工作,取得建筑工程规划许可证和施工许可证。
(3) 除付清地价款外,投入开发建设的资金是否已达到工程预算投资总额的25%。
(4) 是否已在当地注册银行开立代售房屋预售款的账户,并与金融机构签订预售款监管协议。
(5) 土地使用权是否作为抵押或已解除抵押关系。
(6) 是否已制订商品房预售方案,该方案应当包括商品房的位置、建筑面积、交付使用日期、交付使用后的物业管理等内容,并应附有建设用地平面图。

(四) 审查商品房预售许可证

房地产营销代理有限公司在代理商品房预售业务时,应该查验开发商的商品房预售许可证。

四、代理业务合同签订

房地产营销代理合同在房地产销售过程中扮演着至关重要的角色。它是一份明确双方权利和义务的法律文件,主要用于规范开发商与代理机构之间的合作关系,双方应充分沟通、协商,确保合同内容明确、具体、合法。以下是房地产营销代理合同的签订要点。

(一) 代理方式的选择

代理方式的选择通常取决于项目的具体情况和双方的需求。常见的代理方式有独家代理和非独家代理。独家代理意味着开发商只委托一家代理机构进行销售,而非独家代理则允许开发商同时委托多家机构。选择何种方式应考虑到代理机构的专业能力、市场覆盖度以及代理成本等因素。

(二) 代理期限及代销任务的约定

代理期限是指双方约定的合作时间,一般应明确起始和终止日期。代销任务则是代理机构在代理期限内需要完成的销售目标,包括销售数量、销售额等。这些任务应具体、明确,以便评估代理机构的业绩。

(三)佣金支付方式和时间

佣金是代理机构为开发商提供服务所获得的报酬,其支付方式和时间应明确约定。一般来说,佣金可以按照销售额的一定比例计算,并在达到一定的销售目标后支付。支付时间可以约定为每月、每季度或每年等,以确保代理机构能够及时获得应得的报酬。

(四)奖惩条款的确定

奖惩条款有助于激励代理机构更好地完成任务。对于完成或超额完成销售任务的代理机构,可以约定给予一定的奖励;而对于未能完成任务的代理机构,则可以约定相应的惩罚措施。这些奖惩条款应公平、合理,能够充分体现双方的权益和责任。

(五)售房宣传广告的约定

代理机构在销售过程中需要进行广告宣传,以吸引潜在购房者。合同中应明确广告宣传的内容和形式,确保广告的真实性和合法性。同时,还应约定广告宣传的费用承担方式,避免后续产生纠纷。

案例 1-2

A 房产咨询有限公司与常州 A 企业有限公司在明确各自的权利、义务的基础上,签订了全程策划推广及销售代理合同,具体内容如下。

全程策划推广及销售代理合同

甲方:常州 A 企业有限公司(以下简称甲方)

乙方:A 房产咨询有限公司(以下简称乙方)

甲、乙双方在平等、自愿、协商一致的基础上,就 JZX20201401 号龙江中路东侧、童子河南路南侧地块项目(以下简称"本案")的全程策划推广及销售代理合作事宜,订立本合同。

第一条:委托标的

龙江中路东侧、××路南侧地块项目(即合同中的"本案"):系指甲方开发并委托乙方总体策划推广及销售总代理的房地产项目,位于××街道,东至×路、南至×路、西至×路、北至×路,占地约 6.436 万 m^2,总建筑面积约 11.58 万 m^2。

第二条:委托期限

本合同依据本项目实际情况,全程代理服务内容分为项目市场调研和定位、营销策划、销售代理三个阶段。各阶段工作时间表待双方签定合同后,经甲方确认后,确定计划开展工作。

1. 市场调研和定位期限为:自本合同生效之日起 2 个月内。
2. 营销策划期限为:自本合同生效之日起 4 个月内。
3. 销售代理期限为:自本合同生效之日起至本案销售率达到 90%(含 90%)以上之日,当项目销售达到项目可售面积的 90% 时,代理期届满,本合同自动终止。

合同期届满,乙方可选择继续履行,或双方另行协商。

第三条:委托内容

乙方按甲方规定的销售范围、数量,提供包括前期市场调研、项目定位、规划设计建议、营销策划、广告推广、销售代理的全方位、全过程服务,主要分为以下四方面内容。

1. 基础研究:市场调研和竞争力分析、地块研究分析及产品定位指向。
2. 营销策划:规划建议及产品研发、项目营销策略及销售策略等。
3. 推广策划及表现服务:项目包装推广策划及执行,促销公关 SP 活动策划配合。
4. 销售代理:销售团队组建培训、销售政策及销售方式策划、配货计划与销控,销售执行、促销公关活动策划等。

第四条:全程营销各阶段成果、提交方式及收费标准(表1-4)

表1-4 营销各阶段成果、提交方式及收费标准

工作板块		工作内容	提交成果方式	收费标准
1. 基础研究		市场调研分析、地块研究分析、市场定位	市场研究报告	人民币3万元,签定本合同时支付
			地块研究及项目定位方案报告	
2. 营销策划	策略研究	全案产品研发策略	项目总体规划建议报告、概念性规划设计建议报告	人民币5万元,提交第一阶段成果或签订本合同后2个月内支付(孰早原则)
		全案营销策略建议	全案营销策略建议	
		全案广告推广策略	全案推广策略、分阶段广告表现手段建议	
	产品研发	产品定位建议	各区域产品研发报告	
		户型设计研发		
3. 市场推广策划及表现执行		推广策略的制订	提交各阶段表现成果	人民币5万元,提交第二部分成果或签订本合同后4个月内支付(孰早原则)
		广告创作表现		
		项目VI设计系统规划		
		销售物料及销售中心展示包装设计		
		外卖场、展销会包装设计		
		促销、公关等营销活动的策划及现场协助		
4. 销售代理		销售执行	销售率在30%以内时,按实际成交额的1.5%计算;销售率达到30%~60%(含30%)时,按实际成交额的1.8%计算;销售率达到60%(含60%)以上时,按实际成交额的2%计算	
		销售战术调整(销售政策调整)和阶段性促销策划		

第五条:甲方权限及责任

1. 甲方有权根据实际情况调整销售价格。
2. 甲方在项目启动时(如推广、销售等阶段)需提供合法有效的相关文件、资料

及预售许可证,并积极配合乙方各阶段的工作。

3. 甲方负责提供销售中心的场地、装修装饰与包装,包括售楼处内电脑、复印机、传真机、电话、饮水机等日常办公用品及水、电供应、售楼现场保安、清洁工、销售道具(如沙盘、户型模型等)、看房专车及司机、销售人员职业服装等。

4. 代理过程中发生的广告费、销售资料(含楼书、DM单等)、促销活动费及销售过程中的直接费用(如公关活动费、赞助费、差旅费等),均由甲方自行承担。

5. 甲方有权对乙方全程代理工作进行监督、检查,但不得干预乙方的内部管理。

6. 甲方负责签订认购书、收取房款,办理银行按揭、房产证等,并保留有关购房资料。

7. 甲方负责按照本合同有关条款规定按时向乙方支付费用。

8. 本项目的乙方所有工作成果资料及知识产权均归甲方所有,甲方有权重复使用而不需另付费用给乙方。

9. 甲方与乙方共同制订各阶段(周期)的销售目标,并应给予乙方相应的支持。

第六条:乙方权限及责任

1. 乙方在合同履行过程中,必须严格遵守各项规定,认真履行和组织好项目的策划、招商及销售服务,保证全程代理过程中各项商务活动符合国家法律法规规定及甲方要求,因乙方原因造成的甲方损失由乙方赔偿,以全面维护甲方名誉及利益。

2. 乙方负责代理销售范围内的营销及具体实施,包括在甲方委托权限下的市场调研、营销策略、广告策略组建及管理、售楼人员培训及管理、售楼咨询、信息反馈、接待、带客户到现场看楼等事宜。

3. 乙方负责乙方派驻到本项目所有人员(如售楼人员等)的福利及薪酬、激励等。

4. 在保证双方认可的基础销售单价的情况下,乙方可根据市场情况及实际销售进度节奏,可对销售单价及促销政策调整给出建议,经甲方同意后方可执行。

5. 乙方在销售过程中,负责定期(每周一次)向甲方汇报销售情况,反映存在的问题和市场信息反馈。乙方负责甲乙双方资料、文件、提案的按时取送工作;乙方提交的正式书面报告须一式三份,同时附电子文件一份。

6. 乙方在任何时候都不得泄露甲方的商业机密,更不得外传本项目所有资料。

7. 乙方在合同签订后5个工作日内,提供项目各阶段专项工作人员清单(乙方根据内部各小组竞聘方可产生专项服务团队),交甲方确认项目组成员后,不得擅自更换专项工作小组成员;如特殊情况确需更换时,须提供符合项目及甲方要求的合格的执行人员,并提前书面通知甲方,征得甲方书面同意后方可更换人员。

第七条:解决争议的方式

本合同签订后,双方如发生争议,协商不成时,按下列第____1____种方式解决。

1. 提交___常州市___仲裁委员会仲裁。
2. 依法向人民法院起诉。

第八条:其他事项

1. 本合同附件与合同文本正文具有同等法律效力。

2. 本合同经双方法人代表签字盖章后生效。
3. 本合同一式两份共 ×× 页,甲乙双方各执壹份。

甲方:常州A企业股份有限公司	乙方:A房产咨询有限公司
（签章）	（签章）
法人代表(签章):张×	法人代表(签章):袁×
公司地址:常州市新北区通江大道××号	公司地址:常州市嘉宏大厦12××号
联系电话:0519-5666××××	联系电话:0519-8658××××
签约日期:××××年××月××日	签约日期:××××年××月××日

能力训练

1. 登录国土资源局网站,查看近期当地土地出让和成交情况,筛选出一两块规模中等的商住或住宅地块,分别对开发商和项目地块进行初步考察。
2. 学生分组讨论,派代表分享小组成果。
3. 学生分角色模拟合同签订的过程,2人一组。

任务五　认识房地产营销策划岗位

任务目标

1. 了解房地产策划师职业资格。
2. 熟悉房地产策划师岗位职责。
3. 具有明晰的职业生涯规划。

任务背景

经过团队的共同努力,方圆所在的实习公司成功拿下了A企业N地块的代理权。方圆对实习工作充满了期待,也想更加明确一下自己未来的职业发展。接下来我们将和方圆一起,了解房地产营销策划岗位职业资格和岗位职责。

知识准备

一、房地产策划师职业定义

房地产策划师是指从事房地产行业的市场调研、方案策划、投融管理、产品营销、项目运营和物业管理等工作的策划人员。从事的主要工作内容包括:房地产项目的市场调研和咨询策划;整合设计、建设、营销、广告、服务等资源,制订策划方案;房地产项目的产品营销工作;房地产项目的运营工作。

二、房地产策划师职业资格

2005年3月,为满足对房地产策划师日益增长的社会需求,人力资源和社会保障部正式推出《房地产策划师国家职业标准》,并将房地产策划师正式列入《中国职业大典》,并将房地产策划师共分为四个等级,分别为:房地产策划员(国家职业资格四级)、三级房地产策划师、二级房地产策划师、一级房地产策划师。

房地产策划师可在大中型房地产开发企业从事投资分析、开发、策划、销售工作;在房地产估价机构从事估价、咨询工作;在房地产中介服务机构从事经纪、销售、咨询工作;在物业管理企业从事物业服务与管理工作,也可在房地产交易中心、土地拍卖行、资产评估事务所从事相关岗位等多种工作。

三、房地产策划师岗位职责

(一)助理策划主要职责

(1)项目营销推广相关文案撰写。

(2)参与项目营销策略的讨论,包括项目形象定位、案名、广告主导语、阶段广告语、推广策略等。

(3)在项目营销的各个阶段,配合策划专员撰写相关文案,包括软文、硬广、SP活动方案、媒体选择、媒体排期等。

(4)与设计部负责该项目的设计师沟通画面表现与文案的契合度。

(5)参与开发商和第三方的相关对接工作。

(二)策划专员主要职责

1. 独立负责项目营销策略报告撰写

(1)项目的营销市场报告,包括市场分析、客户分析、产品定位、本体分析、推广策略等。

(2)项目营销推广报告的撰写,包括项目形象、案名、定位、广告主导语、阶段广告语、推广策略等。

2. 独立负责项目营销推广相关文案撰写

(1)在项目营销的各个阶段,撰写相关文案,包括软文、硬广、SP活动方案、媒体选择、媒体排期等。

(2)与设计部负责该项目的设计师沟通画面表现与文案的契合度。

(3)跟进项目各阶段进展,与案场专案经理衔接,了解销售进展和市场动态,并以此为基础,结合项目特点,制订相应的阶段推广策略等。

(4)独立负责与开发商和第三方的相关对接工作。

(5)制订以上工作事宜完成时间计划表。

(三)高级策划师主要职责

1. 独立负责项目可行性报告撰写

在项目开展前期,在充分市场调研的基础上,对项目的定位、产品、推广进行可行性分析与研究,准确把握市场需求、产品特性以及推广策略。

2. 独立负责项目运营策略报告撰写

(1)项目的营销市场报告的撰写,包括市场分析、客户分析、产品定位、本体分析、推广策略等。

(2)项目营销推广报告的撰写,包括项目形象、案名、定位、广告主导语、阶段广告语、推广策略等。

3. 独立负责项目营销各个阶段的推广报告撰写

(1)跟进项目各阶段进展,与案场专案经理衔接,了解销售进展和市场动态,并以此为基础,结合项目特点,制订相应的阶段推广策略、媒体排期。

(2)根据阶段推广计划,完成推广所需要的相关文案,包括软文、硬广、SP活动、阶段广告主题等。

(3)独立与开发商和第三方对接,及时了解客户需要,并向上级领导及时汇报工作,调整工作进程。

(4)助理策划与策划专员的带教,助理策划和策划专员相关报告与创意文案审核。

(5)制订以上工作事宜完成时间的计划表。

(四)资深策划师主要职责

1. 独立负责项目可行性报告撰写

在项目开展前期,在充分市场调研的基础上,对项目的定位、产品、推广进行可行性分析与研究,准确把握市场需求、产品特性及推广策略。

2. 独立负责项目营销策略报告撰写

(1)组建项目小组,独立带团队负责一个项目,并与开发商项目负责人沟通日常工作事宜。

(2)领导团队完成项目的营销策略报告,包括项目形象、案名、定位、市场分析、客户分析、产品定位、本体分析、推广策略等。

3. 独立负责与开发商充分有效沟通

及时向上级领导反馈甲方意见,在此基础上领导项目小组各阶段工作,包括阶段营销报告、推广主题、市场动态深入、推广策略的调整等。

4. 独立负责项目定价报告书撰写

项目定价报告书包括推广策略、销控策略、定价策略、影响价格因素选择以及价格系数确定。

能力训练

1. 请登录智联招聘、51Job等招聘平台或房地产公司官方网站,仔细查阅房地产开发公司和营销代理公司对房地产策划师的招聘需求,分别列出不同公司对房地产策划师的招聘要求和岗位职责。

2. 学生分组讨论,派代表分享小组成果。

> **知识拓展**

房地产营销人员基本术语上岗培训

(1) 房地产:又称为不动产,是房产和地产的总称,是指土地及附着在土地上的构筑物和建筑物及其附带的各种权利。

(2) 生地:空地、田地、未开垦地等不具有城市基础设施的土地。

(3) 毛地:虽然具有一定的城市基础设施,但地上具有待拆迁安置的旧建筑物的土地。

(4) 熟地:已经经过"三通一平"或"七通一平",具有完善的城市基础设施,能够直接在其上面进行房屋建造的土地。通常又被称为净地。

(5) 三通一平:在土地开发时进行的通水、通电、通路和土地平整的工作。

(6) 七通一平:在土地开发时进行的给水、排水、电力、通信、燃气、热力、通路、土地平整的工作。

(7) 房地产产权:产权人对房屋的所有权和对该房屋所占用土地的使用权,具体内容是指产权人在法律规定范围内对其房地产的占有、使用、收益和处分的权利。

(8) 商品房:由房地产开发企业开发建设并出售、出租的房屋。

(9) 经济适用住房:根据国家经济适用住房建设计划安排建设的住宅。由国家统一下达计划,用地一般实行行政划拨的方式,免收土地出让金,对各种经批准的收费实行减半征收,出售价格实行政府指导价,按保本微利的原则确定。

(10) 现房:开发商已办妥房地产权证(大产证)的商品房,消费者在这一阶段购买商品房时应签订出售合同。简单说是指项目已经竣工可以入住的房屋。

(11) 期房:开发商从取得商品房预售许可证开始至取得房地产权证(大产证)止,在这一期间的商品房称为期房,消费者在这一阶段购买商品房应签预售合同。期房在港澳地区称为"楼花",这是当前房地产开发商普遍采用的一种房屋销售方式。简单说是未修建好、尚不能入住的房子。

(12) 低层建筑:高度小于10m的建筑,一般为1~3层。

(13) 多层建筑:高度大于10m,小于24m的建筑,一般为4~7层。

(14) 高层建筑:高度大于24m的建筑。其中8~11层称为小高层;12~18层称为中高层;19层以上称为高层。

(15) 容积率:控制地建筑强度的重要指标,等于地块总建筑面积除以地块面积。

(16) 建筑密度:控制地空地(绿化、道路、广场等)数量的重要指标,等于地块总建筑基底面积除以地块面积。

(17) 绿地率:地块所有绿化用地面积与该地总面积之比。绿化用地包括公共绿地(居住区公园、小游园、组团绿地及其他的一些块状、带状化公共绿地)和宅旁绿地等。

(18) 绿化率:项目规划建设用地范围内的绿化面积与规划建设用地面积之比。对购房者而言,绿化率高为好。

(19) 道路红线：城市道路含居住区级道路用地的规划控制线。

(20) 建筑线：一般称建筑控制线，是建筑物基底位置的控制线。

(21) 板楼：东西长、南北短的建筑，在平面图上长度明显大于宽度。楼由许多单元组成，每个单元用自己单独的楼梯、电梯。但从其外观上看不一定都呈"一"字形，也可以是拐角等形状。

(22) 塔楼：以共用楼梯、电梯为核心布置多套房屋的高层建筑。通俗地说，塔楼以电梯、楼梯为布局核心，上到楼层之后，向四面走可以直接进入户内。

(23) 开间：住宅设计中，住宅的宽度是指一间房屋内一面墙皮到另一面墙皮之间的实际距离。因为就一自然间的宽度而言，故又称开间。住宅开间一般不超过3.9m，砖混结构住宅开间一般不超过3.3m。规定较小的开间尺度，可缩短楼板的空间跨度，增强住宅结构整体性、稳定性和抗震性。开间5m以上、进深7m以上的大开间住宅可为住户提供一个40~50m^2甚至更大的居住空间，与同样建筑面积的小开间住宅相比，承重墙减少一半，使用面积增加2％，便于灵活隔断、装修改造。

(24) 进深：在建筑学上指一间独立的房屋或一幢居住建筑从前墙皮到后墙皮之间的实际长度。进深大的住宅可以有效地节约用地，但为了保证建成的住宅可以有良好的自然采光和通风条件，住宅的进深在设计上有一定的要求，不宜过大。目前我国大量城镇住宅房间的进深一般要限定在5m左右，不能任意扩大。

(25) 层高：住宅高度以"层"为单位计量，国家在每一层的高度设计上有要求，这个高度就叫层高。它通常包括下层地板面或楼板面到上层楼板面之间的距离。

(26) 净高：层高减去楼板厚度的净剩值。

(27) 标准层：平面布置相同的住宅楼层。

(28) 地下室：房间地面低于室外地平面的高度超过该房间净高的1/2。

(29) 半地下室：房间地面低于室外地平面的高度超过该房间净高的1/3，且不超过1/2。

(30) 玄关：就是登堂入室第一步所在的位置，它是一个缓冲过渡的地段。居室是家庭的"领地"，讲究一定的秘密性，大门一开，有玄关阻隔，外人对室内就不能一览无余。玄关一般与厅相连，由于功能不同，需装修装饰手段加以分割。就是自己回家，也要有一块放雨伞、挂雨衣、换鞋、搁包的地方。平时，玄关也是接收邮件、简单会客的场所。

(31) 跃层住宅：一套住宅占两个楼层，有内部楼梯联系上下层。一般在首层安排起居、厨房、餐厅、卫生间，最好有一间卧室，二层安排卧室、书房、卫生间等。

(32) 复式住宅：在概念上是一层，但层高较普通的住宅高，可在局部掏出夹层，安排卧室或书房等，用楼梯联系上下。其目的是在有限的空间内增加使用面积，提高住宅的空间利用率。

(33) 错层住宅：一户内楼面高度不一致，错开之处有楼梯联系。优点是和跃层一样能动静分区，但因为没有完全分为两层，所以又有复式住宅丰富的空间感。

(34) 独立别墅：即独门独院、私密性极强的单体别墅，这一类型是别墅历史最悠久的一种，也是别墅建筑的终极形式。

(35) 联排别墅：又称Townhouse，有天有地，有自己的院子和车库。由三个或三个以上的单元住宅组成，一排二至四层联结在一起，每几个单元共用外墙，有统一的平面设计和独立的门户。

(36) 双拼别墅：联排别墅与独栋别墅之间的中间产品，由两个单元的别墅拼联组成的单栋别墅。

(37) 叠加式别墅：联排别墅的叠拼式的一种延伸，也有点像复式户型的一种改良，叠加式别墅介于别墅与公寓之间，是由多层的别墅式复式住宅上下叠加在一起组合而成。一般四至七层，由每单元二至三层的别墅户型上下叠加而成，这种开间与联排别墅相比，独立面造型可丰富一些。

(38) 建筑面积：又称建筑展开面积，是指住宅建筑外墙外围线测定的各层平面面积之和，是表示一个建筑物建筑规模大小的经济指标。建筑面积包含了房屋居住的可用面积、墙体及柱体占地面积、楼梯走道面积、其他公摊面积等。凹阳台按其阳台净面积的一半计算建筑面积。

(39) 商品房分摊的公用建筑面积：电梯井、楼梯间、垃圾道、变电室、设备室、公共门厅和过道等其功能上为整栋建筑服务的公共设施用房和管理用房之建筑面积，各单元与楼房公共建筑空间之间的分隔墙以及外墙墙体水平投影面积的 50%。

(40) 商品房销售面积：又称住宅面积或住宅建筑面积，是指购房者所购买的套内或单元内的建筑面积与应分摊的公用建筑面积之和，即

商品房销售面积＝套内建筑面积＋分摊的公用建筑面积

＝套内使用面积＋套内墙体面积＋分摊的公用建筑面积

(41) 得房率：套内建筑面积和商品房销售面积之比。

(42) 面积误差比是指产权登记面积与合同约定面积发生误差的比例，即

$$面积误差比 = \frac{产权登记面积 - 合同约定面积}{合同约定面积 \times 100\%}$$

(43) 维修基金：又称公共维修基金、专项维修基金，是指住宅物业的业主为了本物业区域内公共部位和共用设施、设备的维修养护事项而缴纳一定标准的钱款至专项账户，并授权业主委员会统一管理和使用的基金。

入职培训结束后，方圆顺利通过了公司考核，正式成为一位 A 房产咨询有限公司实习生。销售主管向她表示了祝贺，并告诉她：后面的销售之路还很长，培训环节也很多，希望她认真学习，积极实践，早日成为一名合格的营销人员。

课后习题

一、单项选择题

1. 房地产营销代理公司企划部主要从事的工作为（　　）。
   A. 负责市场调查分析与研究、产品定位、产品研究、可行性报告撰写与论证
   B. 负责项目的广告、企划、营销推广
   C. 销售第一线，负责项目的现场执行
   D. 企业运作

2. 代理商在规定地区和一定期限内享有代销专营权，委托人在该区域内不得委托其他第二个代理人，代理商承担销售剩余房的购买义务，请问这属于（　　）方式。
   A. 一般代理　　　　B. 独家代理　　　　C. 包销　　　　D. 分销

3. 近日,某开发商花费 117000 万元拿下一块商住用地,土地出让面积 77743m^2,起始价 105000 万元,容积率大于 1.8 且小于或等于 2.2,请问该地块的楼面地价最低可以做到(　　)元/m^2。

　　A. 15049.58　　　　　　　　　　B. 8360.88
　　C. 6139.11　　　　　　　　　　　D. 6840.7

4. 在房地产项目开发阶段的营销策划重点是(　　)。

　　A. 房地产项目营销机会威胁分析、投资方向选择、投资场地选择、营销风险分析、竞争者分析和开发项目定位等
　　B. 供需分析、市场调查、主题策划、包装策划等,了解并引导消费者的消费观念,打造良好的营销环境
　　C. 调查研究购房者的具体需求和购房动机、品牌策划、价格组合策略、楼盘资源组合策略(如开展配套促销)、促销策划等
　　D. 物业管理的宣传、利用业主进行老带新助销等

5. 2015 年 10 月 1 日起,我国全面推行"三证合一、一照一码"登记模式,提高市场准入效率,"三证合一"是指(　　)。

　　A. 工商营业执照、组织机构代码证、税务登记证
　　B. 工商营业执照、组织机构代码证、商品房预售许可证
　　C. 组织机构代码证、税务登记证、商品房预售许可证
　　D. 组织机构代码证、银行开户证明、商品房预售许可证

6. 传统的 4P 理论涉及的要素不包括(　　)。

　　A. 产品　　　　B. 价格　　　　C. 沟通　　　　D. 渠道

7. 开发商从取得(　　)开始至取得不动产权证(大产权证)止,在这一期间的商品房称为期房。

　　A. 土地使用权证　　　　　　　　B. 建设工程施工许可证
　　C. 建设工程规划许可证　　　　　D. 商品房预售许可证

二、简答题

1. 房地产营销代理公司根据主营业务,公司架构可以分为哪几个部门?
2. 简述房地产营销代理公司每个部门的大概职责有哪些?
3. 简述房地产营销策划的流程。
4. 房地产营销代理公司在签订代理合同时有哪些需要注意的重点?

答案解析

 实训任务

1. 分组了解当地房地产营销代理行业发展状况,收集当地 1~3 家房地产营代理公司相关信息。
2. 利用网络工具,选择一家房地产营销代理公司,调查了解其公司概况、机构设置、业务范围等。

3. 根据实地走访结果,结合本模块相关理论知识,分组设立房地产营销代理公司,设计本公司的机构设置、经营理念和业务范围。

 实训指导

一、实训步骤

(1) 分组,4~6人一组,以组为单位分工合作完成实训任务。
(2) 各组分工合作,由组长安排时间,分配任务。
(3) 收集当地1~3家房地产营销代理公司相关信息。
(4) 调查一家房地产营销代理公司的公司概况、机构设置、业务范围等。
(5) 设立房地产营销代理公司,设计本公司的机构设置、经营理念和业务范围。
(6) 调研资料的汇总、整理、分析,制作PPT。
(7) 小组代表上台进行成果汇报,学生互评、教师点评。
(8) 修改、提交报告成果,电子文档和打印稿各一份。

二、实训成果要求

1. 实训成果名称。
设立房地产营销代理公司研究报告。
2. 实训报告格式。
(1) 封面:标题、班级、成员、指导教师。
(2) 目录。
(3) 正文。
① 当地2~3家房地产营销代理公司相关信息。
② 某一家房地产营销代理公司的公司概况、机构设置、业务范围等。
③ 设立房地产营销代理公司,设计本公司的机构设置、经营理念和业务范围。
(4) 实训过程及体会。
① 小组成员分工。
② 小组每个成员的实训心得体会。

三、考核要求

(1) 资料收集过程认真、数据真实准确、分工明确。
(2) 报告思路清晰、资料丰富翔实、页面设计图文并茂。
(3) 成果汇报体系完整、重点突出、语言流畅、阐述到位。

模块二　房地产市场调研

> **案例导入**

"优居"需求持续升温，人居产品精益求精

2023年上半年，房地产市场仍处于深度调整期，住宅产品也在同质化中寻找突破口。产品"内卷"的背景下，优质房企仍继续坚持创新与变革、不断修炼"内功"，以期在行业大考中能够行稳致远。

居住品质升级带来的用户需求转型，房企不但在变化中积极挖掘新特色，也持续从酒店等公共建筑设计中汲取灵感。未来，房企将继续聚焦产品细化、服务升级方面的共融，也将继续关注与客户精神层面的共鸣，让产品创新成为行业新常态。

一、产品成交结构：舒适性需求提升，面积、户型需求均有扩大趋势

（一）房型：三房最主流，四房产品成交比重增幅最大

2023年上半年，三房产品的成交主力地位得以巩固，成交套数占比56.7%，较2022年低点提升0.9个百分点；四房产品保持快速增长趋势，上半年成交套数占比较2022年继续提升3.4个百分点至26.4%。此外，五房及以上房型的产品成交占比也有0.3个百分点的增长，其他房型的产品成交占比均走弱。

改善型产品的走强主要有两方面的原因：一方面，随着越来越多的城市放松购房政策、降低房贷利率等需求端宽松政策的陆续出台，改善居住需求得以持续释放；另一方面，考虑到置换成本高、置换周期长等因素，有购房意愿的家庭买房逻辑越来越倾向于一步到位，即使刚需群体也将目标转向三房户型，如图2-1所示。

（二）面积段：越大越好卖，大面积产品渐成市场主导

从成交面积结构看，商品住宅成交面积段逐步趋大。上半年改善型产品市场份额继续扩大，110m^2以上面积段产品成交套数占比均有不同幅度的提升，其中110~140m^2面积段产品成交占比较去年提升0.8个百分点至38.4%，是市场成交的主力，也是增长最快的面积段。小户型产品占比缩小，90m^2以下面积段产品成交比重降至16.6%，如图2-2所示。

究其原因，主要是刚需客群影响力不再。一方面，此前市场对刚需群体的购房需求尤为关注，大量小户型产品的供应，提前透支了市场刚性需求。另一方面，近年来，年轻人结婚和生育意愿都有所下降，生活观念的改变自然也影响了住房观念，部分购房需求被延迟。因此，改善需求主导了购房市场，大面积产品在居住舒适性方面有明显优势，成为置换需求的主要目标。

资料来源：CRIC 2023上半年中国房地产总结与展望（中篇）节选。

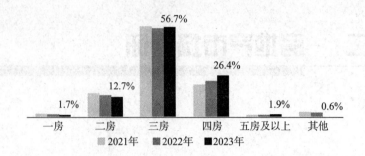

图 2-1　2021—2023 上半年全国各房型住宅产品成交套数占比

注：1. 监测全国 193 城的成交数据，包括一线城市 4 个，二线城市 31 个，三、四线城市 158 个（下同）。
　　2. 2023 年上半年数据统计截至 6 月 19 日（下同）。

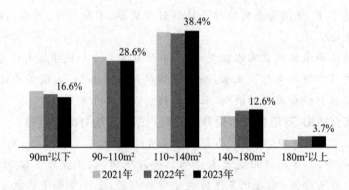

图 2-2　2021—2023 上半年全国各面积段住宅产品成交套数占比

二、产品特征

（一）公建化立面仍是产品打造重头戏

传统住宅立面设计已不能满足现代人的需求，除了立面用材的实用性，当下住宅公建化立面注重品质调性与颜值审美，成为产品的"第一抹惊艳"，成为建筑的自我表达。尤其是沿街以及 CBD 区域住宅建筑，更有必要完美地融入街区环境，以精巧立面回应城市景观，同时以场地的历史文脉作为设计核心。因此，在颜值即正义的审美风潮下，为建筑赋予当代设计语言、加强场地历史与价值依然是房企营造产品符号标志的重头戏。

上海某房地产项目的外立面取法大都会、衡复风貌、Art Deco 等建筑之精髓，打造新经典海派建筑。项目采用红砖与石材穿插的设计手法，通过竖向分段、整体三段式、层叠收分、拱券门框等海派建筑比例、设计特征，呈现建筑美学的力量感与秩序感，以建筑、街区、自然的打磨，塑型城市精神，如图 2-3 所示。

（二）独立家政间、洄游动线、庭院阳台等精细化设计成为改善客群心头好

对于改善类产品的户型设计，在严格遵循全明设计、结构实用、功能齐全等基本原则上，更注重功能复合、精细设计、空间高效等方面的思考，家政间、洄游动线、270°景观面、庭院式阳台等规划皆成为客户心头好。

图 2-3　上海某房地产项目外立面示意

嘉善某房地产项目户型建筑面积约 $215m^2$,玄关右侧即设立家政间,并带有家政阳台,这种独门独户的家政间配置使得清洁收纳更合理有序,如图 2-4 所示。

图 2-4　嘉善某房地产项目户型示意

(三)住宅空间从酒店设计汲取灵感,逐渐成为衡量住宅产品档次的风向标

随着改善客群的审美从最初的视觉感官向五感全开精神愉悦进阶,对住宅需求从物理生活空间升华为情感与精神归属,改善住宅产品正大量借鉴酒店设计语言,通过好设计、好材料、好工艺,创造空间美学与情感满足的双重价值。

环岛落客区、精装地库、挑高大堂、定制化艺术等常见酒店空间设计正愈来愈多的落地住宅产品,营造归家仪式感、温馨感、舒适感,这些逐渐成为衡量住宅产品档次的风向标,如图 2-5 所示。

图 2-5　温州某房产南入户环岛落客区示意

(四)黑金体系、潮玩精装、植物美学等注重年轻客群喜好的住宅产品层出不穷(略)

仔细阅读以上案例资料,思考以下问题。
1. 面对消费者需求的变化,房地产市场调研要重点考虑哪些因素?
2. 后续房地产项目策划还需要考虑哪些因素?

任务一　房地产市场调研准备

> 任务目标

1. 能阐述房地产市场调研的基本内涵。
2. 了解房地产市场调研工作的特点和内容。
3. 掌握房地产市场调研的程序和步骤。
4. 增强沟通协调能力和团队合作能力。

任务背景

A房产咨询有限公司成功取得了N地块项目的全程营销推广和销售代理权后,公司上下都很高兴,大家精神抖擞准备全力以赴投入工作中。销售主管告诉大家:在房地产市场营销活动中,市场调研是第一个环节。在现代社会,信息已经成为与资金、材料、设备、人力并列的五大管理资源之一。市场调研是获取市场信息的重要手段,可以说是营销活动中不可或缺的活动先导。

该公司研展部专门成立了N地块项目市调组,并进行了有关于房地产调研工作的培训指导。令方圆非常高兴的是,她也有幸成为该市调组的一员。于是她正式开始了第一项实习任务:针对N地块项目开展房地产市场调研分析,方圆下定决心要扎实学好房地产市场调研相关知识,认真完成每一项调研任务。

知识准备

N地块项目市调组组长告诉方圆,有一个成语叫作"兵马未动,粮草先行",应用于房地产行业便成为"项目未动,策划先行",到了今天,大多数开发商已充分认识到市场调研的重要性,准确地说就是"项目未动,调研先行"。

一、房地产市场调研的含义和作用

(一)房地产市场调研的含义

房地产市场调研,就是以房地产为特定的商品对象,运用科学的方法,有目的、有计划、系统地收集房地产相关情报资料,通过对相关市场信息进行系统的收集、处理和分析,为预测项目经营状况、制订正确决策提供可靠依据。

通过房地产市场调研,可根据实际工作的需要,系统地收集、分析数据和情报,以帮助解决项目可行性研究、产品规划、项目定位、项目包装、营销推广等问题。所以说,房地产市场调研是项目策划和决策的基础。

在市场调研中,所发现的问题、受到的启发以及有关建议都应在调研报告中提出,以帮助决策部门根据这些信息作出相应的反应。但必须强调指出的是市场调研的目的是为决策部门提供参考依据,其结果只是用于帮助决策部门作出正确的决策,其结果本身不是目的。

(二)房地产市场调研的作用

房地产市场调研的作用主要体现在以下几个方面。

1. 有助于企业准确把握市场趋势

房地产市场调研有助于了解当前市场的动态和未来的发展趋势,包括供求关系、价格变动、政策影响等。通过收集和分析相关数据,企业可以更加准确地把握市场脉搏,为决策提供有力支持。

2. 有助于企业明确目标客群

市场调研有助于企业深入了解目标客群的需求、偏好和购买力等信息,有助于企业制订更加精准的营销策略,提高市场占有率和客户满意度。

3. 有助于企业评估投资风险

通过市场调研,企业可以对不同地区的房地产市场进行评估,了解各地的投资环境和潜在风险。这有助于企业在投资决策时更加谨慎,降低投资风险。

4. 有助于企业优化产品策略

市场调研可以为企业提供关于产品类型、户型、面积、价格等方面的反馈。企业可以根据市场需求调整产品策略,开发出更符合消费者需求的产品,提高市场竞争力。

5. 有助于企业制订营销策略

市场调研有助于企业了解竞争对手的营销策略和市场份额,从而制订出更加有效的营销策略。企业可以根据市场调研结果调整推广渠道、促销方式等,提高营销效果。

二、房地产市场调研的特点和内容

(一) 房地产市场调研的特点

房地产市场调研的特点主要体现在以下四个方面。

1. 内容的广泛性

房地产市场调研涵盖了诸多内容,包括但不限于宏观环境、政策法律环境、房地产市场的供求状况、价格变动趋势、消费者需求与行为、竞争对手情况等。此外,调研还会深入到具体的楼盘项目,包括其设计、定位、销售情况等。这种广泛性确保了调研结果的全面性和深度,为企业提供了丰富的市场信息。

2. 方法的多样性

房地产市场调研采用多种方法进行,包括问卷调研、电话访谈、实地走访、座谈会等。这些方法各有优势,可以相互补充,确保调研结果的准确性和可靠性。同时,随着科技的发展,现代技术手段如大数据分析、人工智能等也逐渐应用于房地产市场调研中,提高了调研的效率和准确性。

3. 市场的时效性和针对性

房地产市场变化迅速,因此市场调研需要具有时效性,能够及时反映市场的最新动态。同时,调研还需要具有针对性,能够针对企业的特定需求和目标进行深入分析。这要求调研人员具备敏锐的市场洞察力和专业的分析能力,能够准确捕捉市场变化,为企业提供有针对性的建议。

4. 结果的专业性和客观性

房地产市场调研的结果需要具有专业性和客观性。专业性体现在调研人员需要具备丰富的房地产知识和市场经验,能够运用专业的分析工具和方法进行数据分析。客观性则要求调研人员在调研过程中保持中立和公正的态度,避免主观臆断和偏见,确保调研结果的客观性和真实性。

(二) 房地产市场调研的内容

房地产市场调研的内容包括宏观环境调研、中观环境调研和微观环境调研三个方面,具体如图 2-6 所示。

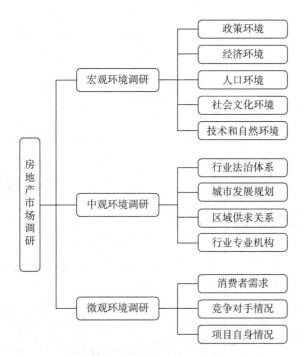

图 2-6　房地产市场调研的内容

三、房地产市场调研的程序和步骤

方圆了解到,为使市场调研工作顺利进行,确保调研质量,N地块项目市调组经讨论研究,决定按照如图 2-7 所示流程开展市场调研工作。

(一)准备阶段

1. 提出问题,确定调研目的

这是进行市场调研时应首先明确的问题。目的确定以后,市场调研就有了方向,不至于出现太大的过失。如果开始抓的问题就不够准,就使以后一系列市场调研工作成为浪费,造成损失。确定调研目标应弄清以下几个问题:①为什么要调研?②通过调研想了解哪些内容?③谁想知道调研结果?④调研结果对企业有什么用?

2. 分析初步情况

分析初步情况目的是了解产生问题的一些原因,可通过研究所搜集到的信息资料、与相关部门负责人访谈、了解市场情况等途径开展。索要企业与项目的背景材料,并通过各种信息渠道(包括上网)进行行业、区域(城市)、企业的信息收集与分析,确定问题及研究的范围,拟定出一套方案。具体可分为四个步骤:①研究信息资料;②情况分析;③预备调研;④确定研究范围。

3. 制订调研方案

调研方案是房地产市场调研的行动纲领,对一些问题作出较详细的安排,主要包括:

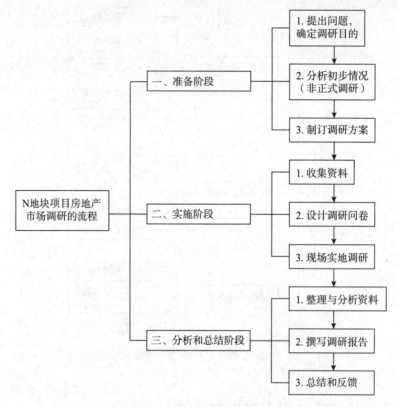

图 2-7 房地产市场调研的程序

①调研目的;②调研对象;③调研方法;④调研的时间和进度;⑤调研人员;⑥调研经费预算。

(二)实施阶段

1. 收集资料

收集调研所需的资料,可分别从收集第一手资料和收集第二手资料两方面入手。

第一手资料是需要通过实地调研才能取得的资料。所花的时间较长,费用较高。收集第一手资料的途径有直接访谈、观察、电话、问卷等。

第二手资料是经他人收集、整理所积累起来的资料,可以从项目内容和外部两种来源获得。

内部资料主要来源于企业内部的数据库,如企业所收集的竞争者的企业信息、产品信息、价位信息、广告信息、促销信息等。

外部资料来源的主要途径有出版物类、计算机数据库(在线网络查询、国家或地方统计局的数据库、政府相关部门的网上信息等如常州房地产信息网)、向专业的市场研究公司或房地产咨询公司购买等。

在实际调研中,应当根据调研方案提出的内容,尽可能组织调研人员收集第二手资料。当第二手资料不足以解决问题时,就要获取第一手资料进行补充说明。

2. 设计调研问卷

在收集第一手资料时,一般需要被调研者填写或回答各种调研问卷或表格。调研问卷的设计既要具有科学性又要具有艺术性,以利于市场调研工作的条理化、规范化。一项房地产市场调研工作至少应设计以下四种表格。

(1) 当地房地产资源统计表。

(2) 当地房地产成交统计表。

(3) 房地产个案调研表。

(4) 房地产消费者需求调研表。

3. 现场实地调研

按调研目标和既定的计划,开展调研工作。实地调研需调研人员直接参与,实地调研工作的好坏,直接影响调研结果的正确性。为此,首先要对调研人员进行适当的技术和理论训练,其次要加强对调研活动的规划和监控,针对实地调研中出现的问题及时调整和补救。

实地调研又称踩盘,分为定期踩盘和专项踩盘两种,主要针对竞争者楼盘。实地调研的主要目的是学习(市场定位、产品特色、促销手段、价格定位等)、借鉴(卖点、价值诉求点等)、发现(专业能力、操盘水平等)和挖掘(销售数据、主要客户等)。

项目的基本情况(占地面积、总体规划、交房时间、物业管理费等)只需查看项目宣传资料或现场咨询销售人员即可得到。而销售均价、楼盘户型配比(户型间隔配比、户型配比)、楼盘销售情况等信息则需要通过一定的调研技巧进行综合判断后得到。

(三) 分析和总结阶段

1. 整理与分析资料

收集来的资料千差万别,需对调研收集到的资料进行整理、统计和分析。

1) 编辑整理

把零碎的、杂乱的、分散的资料加以筛选,去粗取精、去伪存真,以保证资料的系统性、完整性和可靠性。该过程中,要核查调研资料的误差,剔除那些错误的资料;之后,要对资料进行评定,以确保资料的真实与准确。

2) 分类编号

把调研资料编入适当的类别并编上号码,以便查找、归档和使用。

3) 统计

将已经分类的资料进行统计计算,并制成各种计算表、统计表、统计图。

4) 分析

运用调研得出的有用数据和资料进行分析并得出结论。

2. 撰写调研报告

归纳调研结果并得到结论,提交给委托方决策使用。委托方最后拿到手的就是这样一份报告,所以对此十分关注,将其作为评价研究工作做得好坏的标准。因此,报告必须写得清楚、准确。否则,无论调研多么认真细致,都将前功尽弃。

3. 后续工作

认真回顾和检查各个阶段的工作,做好总结和反馈,以便今后改进工作方法。

案例 2-1

N 地块项目房地产市场调研方案

一、确定市场调研目的

(一) 调研背景

(1) 常州市 N 地块为商住项目。

(2) 项目刚拿地还未建。

(3) 拿地者为全国知名开发商,是同策的战略合作伙伴。

(4) 开发商要求营销代理公司前期全程介入。

(二) 确定调研目的

(1) 通过客观深入的市场调研和科学严谨的统计分析,充分了解常州市房地产市场供需空间和价格趋势,确定目标客户群及其对产品和价格的取向,对项目规划提出建设性建议,合理规划本项目地块,明确项目定位,较准确地发挥项目环境条件和经济指标,开发出为市场所接受的产品,实现项目投资效益回报的最大化。

(2) 通过市场调研,为项目的定位、规划、市场前景、投资风险的调查研究分析提供依据,为后续营销推广策略提供有力支持。

二、确定调研时间和调研组织

(一) 调研时间

20××年9月16日—9月30日,共15天。

(二) 调研组织

N 地块项目市调组拟采用扁平化的管理模式和负责人管理制度。而在整个调研组织中,形成总负责人—小组负责人—调研员的三级梯形管理方式,如图2-8所示。

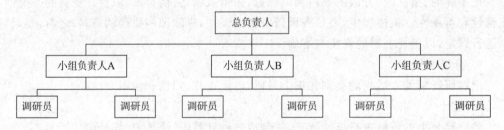

图 2-8 N 地块项目市调组梯级管理图

而该市调组中各成员的职责及分工如表 2-1 所示。

表 2-1 N 地块项目市调组人员职责结构图

职位	职责
总负责人	负责与调研委托人、决策者及相关人员沟通
	主持项目调研会
	负责调研队伍构架和人员安排

续表

职位	职责
总负责人	负责工作分配和调研培训
	负责调研报告的把关和递交
小组负责人	参与调研项目会议的讨论
	协助项目策划人进行调研设计
	领导小组成员进行调研
	督导监控调研员的调研全程
	负责调研资料的整理及分析
	协助项目策划人进行调研报告的撰写
调研员	负责调研的具体执行
	协助小组负责人整理调研资料
	协助调研组长对调研资料的核实

三、调研项目所在区域市场环境

(一) 确定调研目的

了解常州市房地产政策、经济、文化等的现状及发展变化状况,以期把握经济及房地产行业的发展、变化趋势。

(二) 选择调研方法

(1) 文献调研法:网络文献、经济年鉴、报纸文献、行业统计资料等。

(2) 专家访谈法:房管、国土、规划等相关部门专家。

(3) 实地调研法。

(三) 确定调研的主要内容

(1) 近三年的经济发展参数(GDP、居民收入、居民可支配收入、投资状况等)。

(2) 近三年的房地产发展参数(房地产投资额、竣工面积、销售面积、闲置面积等)。

(3) 未来两年房地产发展趋势(已批住宅项目数量、面积,在建的住宅项目数量、面积,市政规划,历年房地产价格分析,房地产市场发展趋势总结等)。

四、调研房地产消费者市场

(一) 确定调研目的

常州市房地产市场消费者需求调研,其目的是直接了解常州市居民对住宅项目的认知、态度、购买欲望和购买行为的倾向性。

(二) 确定调研对象

本地居民及项目周边居民。

(三) 选择调研方法

(1) 街头拦截问卷法。实施调研时采用被调研者自行填写或调研人员问询手写两种方式。

(2) 报纸公开问卷法。

(四) 确定调研内容

调研内容主要有14个方面:常州市居民购房消费状况;已购住宅及未来趋势估计;该

项目住宅购买意向；购买住宅动机；住宅的租售方式；住宅价位选择；住宅户型选择；住宅面积选择；住宅的设计要求；小区内部配套要求；小区周边配套要求；建筑风格喜好；物业管理要求；购买信息获得渠道。

五、调研竞争市场

(一) 确定调研目的

通过对竞争楼盘市场调研，研究同本项目相类似的房地产项目的特征，为本项目的定位、规划等决策提供依据。

(二) 选择调研方法

选择调研方法主要以购买者身份同销售人员（含经理、保安等）接触，广泛了解情况。

(1) 现场调研法：配套设计、草坪、围栏、花园、房间数等采用肉眼观察，风格、色彩、户型等可拍照片记录。

(2) 深度访谈法：含电话访谈、座谈。

(3) 资料收集法：收集调研对象的售楼书、报纸广告、电视广告、路牌或媒体上发布的新闻等相关资料。

(4) 亲身体验法：假扮购房者，与销售人员或物管人员谈话，了解价格、建筑面积等。

(三) 确定调研内容

1. 调研问题

开发概况、内外环境、销售现状、购买者、户型面积、价位与价格、小区内部配套、小区周边配套、交通状况、物业管理、租售方式；促销手段、目标客户选择决策，市场定位与宣传重点，营销组合策略。

2. 调研核心

以俏滞度（畅销与滞销程度）为核心来对各类问题进行观察、访谈、研究与分析。俏滞度包括出售、销售延续时间、入住率和常住率等。

六、处理调研结果

含问卷审核、数据整理与清洗、数据分享与解读、数据结果可视化分析、撰写调研报告。

> **能力训练**

1. 以小组为单位进行分组实训，每组以房天下网站常州房产地图为抽样框，以A企业N地块为样本楼盘，在相近地段选取三个相似类型、相似功能的楼盘作为其竞争楼盘。

2. 针对本组所选样本楼盘，进行房地产市场调研，讨论确定调研内容、选择调研方法、组建调研小组，合理分工，设计调研方案，撰写××楼盘调研方案。

任务二　房地产市场环境调研

> **任务目标**

1. 掌握房地产市场环境调研的内容。
2. 开展房地产市场环境调研。

3. 能协助撰写房地产市场环境调研报告。
4. 增强社会主义法制观念、法律意识和社会责任感。

任务背景

房地产企业的生存发展是以适应房地产市场环境为前提的,对房地产企业来说,市场环境大多是不可控因素,房地产企业的生产与营销活动必须与之相协调和适应,需受到房地产法律环境的约束、受到行业准则的规定和制约、受到社会经济和文化发展的影响。

通过对房地产市场调研基础知识的学习,方圆对房地产市场调研的认知有了提高。她决定按照房地产市场调研的流程,先了解学习 N 地块市场环境调研的具体内容,学习调研数据的处理方法。

知识准备

一、宏观环境调研

根据前面对房地产市场调研的内容的学习,房地产市场宏观环境调研主要包括五个方面的内容:政治法律环境、经济环境、人口环境、社会文化环境、技术和自然环境,为了顺利完成 N 地块项目经济环境调研任务,方圆所在的项目市调组采用了房地产市场环境调研要素表(表 2-2)来辅助调研。

表 2-2 房地产市场环境调研要素

主要内容	调研要素	
政策法律环境	政策环境	财政政策、货币政策、产业政策、土地政策、住房政策等
经济环境	经济总量与增长速度	国内生产总值(GDP)、固定资产投资、房地产开发投资、生产者物价指数 PPI、采购经理指数 PMI 等
	产业结构和主导产业	产业政策、产业结构、主导产业
	居民收入、消费水平和结构	当地居民的可支配收入状况、当地居民消费水平、当地恩格尔系数、消费者的购房支出在总消费支出的比重等
人口环境	人口总量、人口结构(年龄、学历、职业等)、人口分布、家庭组成等	
社会文化环境	教育水平与文化素养、家庭结构与生活方式、宗教信仰与风俗习惯、价值观念与审美观念、社会舆论与媒体影响等	
技术和自然环境	技术环境	绿色建筑技术、智能化技术、互联网技术等
	自然环境	城市地理位置、气候、地形地貌、各种配套等

(一)政策环境调研

房地产政策环境是一个复杂而多面的体系,涵盖了多个方面,旨在调控房地产市场、促进健康发展、保障人民居住需求以及维护社会经济稳定。以下是房地产政策环境所包含的主要内容。

1. 土地政策

土地政策是房地产政策环境的基础,主要关注土地供应、土地利用、土地出让等方面。政府通过规划土地用途、调整土地供应量和供应结构,来控制房地产市场的土地供应,进而影响房价和房地产市场的供求关系。此外,土地出让政策、地价政策等也是土地政策的重要组成部分,它们对房地产市场的健康发展起到关键作用。例如,为了去库存,常州曾经自2014年开始实施"三年不供地"政策,严格控制经营性开发地块上市。

2. 住房政策

住房政策是满足人民群众居住需求的重要手段。政府通过制定住房建设规划、实施住房保障政策,确保不同收入群体,特别是中低收入家庭的住房需求得到满足。这包括保障性租赁住房、经济适用房、共有产权房等多种形式的住房保障措施。同时,政府还通过限购、限售等住房调控政策,来引导居民理性购房,避免过度投机和炒房行为。

3. 金融政策

金融政策对房地产市场的影响深远。政府通过调整房地产信贷政策、住房公积金政策等,来影响购房者的购房能力和购房意愿。例如,调整存款准备金率、房贷利率、首付比例等,可以影响购房者的贷款成本和购房决策。此外,政府还通过金融监管政策,加强对房地产市场的风险防范和监管,确保市场的平稳运行。例如,2020年,住建部、央行发布房地产融资监管新规,要求控制房地产企业有息债务增长,并设置"三条红线":①剔除预付款后的资产负债率不得高于70%;②净负债比率不得高于100%;③现金与短期债务的比率不得低于1倍。

4. 税收政策

税收政策是调控房地产市场的重要手段之一。政府通过调整交易环节的税收,如契税、增值税、个人所得税等,来影响房地产市场的供求关系和价格水平。同时,政府还可通过实施房产税等长期持有环节的税收,鼓励居民理性购房,避免过度投资。合理的税收政策可以抑制投机炒房行为,促进房地产市场的健康发展。同时,政府还通过税收优惠政策,鼓励房地产企业进行技术创新和绿色发展。

5. 市场监管政策

市场监管政策旨在维护房地产市场的秩序和稳定。政府通过加强房地产市场准入管理、打击违法违规行为、规范房地产中介行为等措施,来保障市场的公平竞争和消费者的合法权益。同时,政府还通过建立健全房地产市场信息系统,提高市场透明度,为投资者和消费者提供更为准确的市场信息。

6. 区域政策

区域政策是指根据不同地区的经济、社会和人口发展情况,制定差异化的房地产政策。这有助于促进区域协调发展,避免房地产市场的过度集中和泡沫产生。通过因地制宜地制定房地产政策,可以更好地满足不同地区人民群众的住房需求,推动当地经济的持续发展。

(二) 经济环境调研

经济环境对房地产的影响是深远且多方面的。

1. 经济总量与增长速度

近年来,我国经济总量持续稳步增长,为房地产市场的发展提供了坚实的经济基础。随着国内生产总值的不断提升,房地产市场作为国民经济的重要支柱产业,也呈现出稳步增长的态势。然而,需要注意的是,房地产市场的增长速度并非一成不变,而是受到多种因素的影响,包括宏观经济政策、市场需求、供应关系等。

通货膨胀率作为衡量物价稳定的宏观经济指标,对房地产业及市场产生双面影响。一方面通货膨胀会造成房地产市场供给的减少,因为通货膨胀会严重影响开发成本,增大投资风险;另一方面,通货膨胀会使市场需求扩大,因为房地产产品具有保值效益,在通货膨胀率较高时会刺激以保值为目的的投资的增加,从而会增加房地产市场的需求。

2. 产业结构和主导产业

产业结构是影响房地产业的关键因素。随着产业升级,新兴产业如科技、服务业的崛起,对高端写字楼、商业空间的需求日增,推动了城市房地产市场的繁荣。同时,传统产业的转型或衰退,则可能导致部分地区房地产需求减少。此外,随着绿色建筑、智能建筑等新型房地产业态的兴起,房地产产业结构也在不断优化升级。因此,产业结构的变化不仅影响房地产市场的供需格局,还引导着房地产投资和开发的方向,使得房地产业与整体经济发展紧密相连。

3. 居民收入和消费结构

居民收入水平和消费结构的变化对房地产市场的需求产生深远影响。随着居民收入水平的提高,人们对住房的需求也在不断增加。同时,随着消费升级和品质生活的追求,改善性需求逐渐成为市场的新动力。此外,随着人们生活水平的提高,消费者现在更加注重住房的品质、环境和服务等方面。

(三) 人口环境调研

人口环境对房地产的影响深远而广泛,下面从人口总量、人口结构、人口流动、人口政策四个方面进行分析。

1. 人口总量

人口数量是决定房地产市场需求的重要因素。随着人口数量的增加,对住宅、商业和办公用房的需求也会相应增加。这将促使房地产开发商增加投资,推动整个房地产市场的发展。相反,如果人口数量减少或增长放缓,房地产市场的需求可能会受到抑制,导致市场调整或发展放缓。

2. 人口结构

人口结构的变化也会对房地产市场产生重要影响。例如,随着老龄化趋势的加剧,老年人口对住房的需求会发生变化,他们可能更倾向于选择适合养老的住宅和服务设施。这将推动房地产开发商调整产品策略,开发更多适合老年人的住宅和社区设施。同时,年轻人作为购房的主力军,他们对创新、个性化以及环境友好型住宅的需求增加,将促使开发商注重开发这类房产。

3. 人口流动

人口迁移和城市化进程也会对房地产市场产生影响。随着城市化进程的加速,大量人口从农村迁移到城市,这将带动城市房地产市场的繁荣。同时,不同城市之间的人口流动也会导致房地产市场的区域性差异,一些热门城市可能面临房价上涨、供应紧张等问题,而一些相对落后的城市则可能面临房地产市场的冷清。

4. 人口政策

人口政策也会对房地产市场产生影响。例如,国家调整计划生育政策、推动户籍制度改革等,这些政策变化会影响人口的出生率、流动性和家庭结构等,进而对房地产市场的需求和供应产生影响。

(四) 社会文化环境调研

影响房地产市场的社会文化环境是一个复杂且多维度的概念,它包含了多个相互交织的方面。以下是构成社会文化环境的五个主要部分。

1. 教育水平与文化素养

居民的教育水平和文化素养直接影响着他们的购房需求偏好。教育程度较高的群体往往对居住环境、社区文化、教育设施等有更高的要求,这直接推动了房地产市场向更高品质和更多元化的方向发展。

2. 家庭结构与生活方式

随着时代的变化,家庭结构也在发生转变,如单身、丁克、二孩家庭等不同类型的出现,这些变化直接影响着房地产市场的户型设计和空间布局。同时,人们的生活方式也在改变,比如对绿色、智能、健康住宅的追求,这些都引导着房地产市场的创新和发展。

3. 宗教信仰与风俗习惯

在一些地区,宗教信仰和风俗习惯对房地产市场有着显著的影响。例如,某些宗教对建筑物的朝向、布局等有特殊的要求,而一些传统风俗习惯则可能影响到房地产市场的供求关系和价格水平。

4. 价值观念与审美观念

随着社会的进步和人们价值观念的转变,消费者对房地产产品的审美观念也在不断变化。现代、简约、复古、奢华等各种风格的住宅产品应运而生,满足了不同消费者的审美需求。

5. 社会舆论与媒体影响

社会舆论和媒体对房地产市场的关注度和报道力度,也会对消费者的购房决策产生影响。正面的舆论和媒体报道能够提升房地产市场的信心,而负面的报道则可能引发市场的波动和不确定性。

(五) 技术和自然环境调研

影响房地产市场的技术和自然环境是复杂且多方面的,它们共同塑造了房地产市场的格局和趋势。以下是对这些影响因素的详细分析。

1. 技术方面

1) 绿色建筑与节能技术

随着环保意识的提高,绿色建筑和节能技术成为房地产市场的重要考量因素。这些技术包括节能设计、可再生能源利用、环保建材等,它们不仅有助于降低建筑能耗,提高居住舒适度,还符合了现代社会对可持续发展的追求。

2)智能建筑与信息技术

随着信息技术的飞速发展,智能建筑已经成为房地产市场的新宠。智能家居、智能安防、智能物业等应用为居民提供了更加便捷、舒适和安全的居住环境。同时,大数据、人工智能等技术在房地产市场中的应用也越来越广泛,为开发商提供了更精准的市场分析和预测工具。

3)预制建筑技术与3D打印技术

这些现代建筑技术可以缩短施工周期,提高建筑质量,降低人工成本。尤其是3D打印技术,它可以根据需求快速打印出建筑部件,为个性化定制和快速建造提供了可能。

2. 自然环境方面

1)地质与地形条件

房地产项目所处地段的地质和地形条件对基础施工的难度和成本有着直接影响。例如,山区或地质复杂的地区施工难度较大,成本也相对较高,这会对房地产价格产生影响。

2)气候与天气因素

气候和天气条件对房地产市场的影响不容忽视。温和适宜的气候和空气质量优良的地域通常更受购房者青睐,而极端气候或恶劣天气则可能对房地产市场产生负面影响。

拓展阅读 2-1
四种常见的宏观环境分析工具

3)自然资源与景观环境

房地产项目周边的自然资源如湖泊、山脉、公园等,以及景观环境如绿化覆盖率、空气质量等,都是购房者考虑的重要因素。这些自然资源和景观环境不仅可以提升居住品质,还可能对房地产价格产生正面影响。

二、中观环境调研

(一)行业法治体系

我国房地产市场的法治体系是一个多层次、多方面的综合体系,主要由宪法、房地产法律等以下五个方面组成。

1. 宪法

宪法是国家的根本大法,它确立了我国的基本经济制度和土地制度,为房地产市场的健康发展提供了根本遵循。宪法中有关财产权利、土地使用权以及经济发展的条款,为房地产市场的发展奠定了基石。

2. 房地产法律

房地产法律是专门针对房地产市场制定的法律规范,有关房地产的法律主要有三部,即《中华人民共和国土地管理法》《中华人民共和国城乡规划法》《中华人民共和国城市房地产管理法》。

3. 国务院颁布的房地产条例

国务院颁布的房地产条例涵盖了房地产市场的多个方面,主要包括《城镇国有土地使用权出让和转让暂行条例》《城市房屋拆迁管理条例》《住房公积金管理条例》《物业管理条例》等。

4. 国务院相关部委颁布的行政规章

国务院相关部委颁布的行政规章,是对房地产市场的具体运作进行了细化和补充,为市场的规范化发展提供了具体指导,主要有《城市房地产中介服务管理规定》《城市房地产转让管理规定》《城市房屋租赁管理办法》《商品房预售管理办法》《商品房销售管理办法》《城市房地产开发企业资质管理规定》《城市房屋拆迁单位管理规定》《商品房买卖合同示范文本》等。

5. 与房地产企业营销有关的其他法律

与房地产企业营销有关的其他法律主要有《中华人民共和国民法典》《中华人民共和国商标法》《中华人民共和国公司法》《中华人民共和国广告法》《中华人民共和国反不正当竞争法》《中华人民共和国价格法》《中华人民共和国消费者权益保护法》等。

此外,还有一些地方政府颁布的法令、法规。

(二) 城市发展规划

城市发展规划对房地产市场有着长远影响,是项目选址需要重点考虑的因素。城市发展规划明确了土地用途、区域功能定位及未来发展重点,这些直接决定了房地产市场的供需结构和空间布局。例如,新兴产业区的规划将吸引大量人口流入,推动房地产需求增长;而生态保护区的设立则可能限制房地产项目的开发。同时,规划中的交通、教育、医疗等基础设施布局也会影响房地产项目的价值。

(三) 区域供求关系

1. 区域供给情况调研

区域供给情况调研主要包括可供开发的土地资源及规划要求状况,各类型土地供应情况(供应量、拍卖价格等),楼面地价或单位地面价情况,新建项目增量情况(新开工面积、竣工面积、建筑类别、位置、分布情况等),在建待建项目存量情况(销售面积、空置面积等),在售项目销售价格水平(单价、总价),以及热销、滞销项目情况等。

区域供给情况调研分为供给量调研和供给结构调研两个方面。供给量可通过多种途径获取,可到房地产主管部门查询商品房预售许可登记及竣工面积统计,也可查阅所在城市的统计年鉴等统计资料或利用相关网络渠道进行查询。此外,借助专业数据公司的数据库网站,如 CRIC 数据,也是一个高效便捷的查询方式。供给结构则可以通过区块调研(行政区块、板块区块、别墅集中区、传统商业区、写字楼分布密集区、工业园区、新开发区、高教园区等)和物业类型调研(居住、商业、写字楼、工业物业等)等途径得到。

2. 区域需求情况调研

区域需求情况调研主要包括某类房地产的总需求量及其饱和点、市场需求发展趋势、市场需求影响因素、消费者结构和消费需求的层次状况。

区域需求情况调研分为成交需求调研和潜在需求调研两个方面。成交需求可用实际成交量表示,通过房地产主管部门的登记备案查询,也可借助专业数据公司的数据库网站,主要内容包括成交时间、区域分布、建筑类型、房屋年限、户型面积、单价、总价、交付标准、付款方式等。潜在需求则要通过人口资料(区域人口增长情况、年龄结构、家庭结构、人口地区来源状况、就业状况等)和收入统计资料(城镇居民的工资收入、家庭年收入、人均可支配收入、城镇居民储蓄等）的调研获得。

（四）行业专业机构

行业专业机构分析主要可对房地产企业、相关专业机构和中介机构三种与房地产密切相关的企业调研。

房地产企业情况调研主要包括区域市场房地产企业的数量、类型、产品线、企业资质及实力等资料。相关资料可通过房地产企业管理部门文件查询、业内人士介绍、企业网站资料查询、房地产协会名录查询等途径获得。

相关专业机构及中介机构调研主要包括对策划咨询、规划设计、建筑施工、工程监理、物业管理、销售代理、金融机构等的信誉、资质及业绩等情况的调研，为日后的项目委托与有关业务做好准备。专业机构及中介机构情况调研主要调研本企业或竞争企业与相关单位的合作情况，选择时也可参考业内人士的口碑。

三、微观环境调研

微观环境是直接制约和影响企业营销活动的力量和因素，必须对微观营销环境进行分析，目的是更好协调企业与这些相关群体的关系，促进企业营销目标的实现。房地产市场营销微观环境分析主要从消费者需求、竞争对手情况和项目自身情况三个方面进行，具体内容在后面的内容中具体展开。

拓展阅读2-2
2024丁祖昱评楼市年度发布会——政策篇

能力训练

1. 以小组为单位进行分组实训，利用网络工具和相关房地产网站，以N地块项目做前期营销策划为背景，收集房地产市场宏观、中观环境相关数据资料，要求从宏观、中观环境调研要素中各选择2个以上的指标。

2. 汇总本组的调研数据，并对数据进行可视化处理分析，撰写调研报告（PPT格式），为本模块的实训任务积累资料。

任务三　消费者需求调研

任务目标

1. 了解消费者需求调研的内容。
2. 能进行消费者需求调研问卷设计。
3. 提升沟通协调能力和团队合作能力。

任务背景

要想开发出适销对路的房地产产品，确定消费者对户型、面积、房价、配套、建筑风格、景观等方面的偏好，就需要进行房地产消费者市场调研，调研消费者需求动机、需求影响因素、购买行为等。这样做不仅有助于锁定潜在消费者，为项目定位做准备，更主要的是能为产品定位和销售推广做好数据佐证。那么，消费者市场调研究竟要调研哪些内容？方圆对此进行了深入了解。

知识准备

一、消费者需求调研的内容

消费者需求调研主要可以从城市消费群体调研、消费者直接需求调研和消费者购买决策因素调研三个方面展开。

（一）调研城市消费群体

1. 调研城市人口总量和分布状况

人口总量和分布对房地产市场有着深远的影响。人口总量的增加会推动房地产需求的增长，促进市场繁荣；而人口总量的减少则可能导致市场需求不足，房价下跌。同时，人口分布的不均衡也影响着房地产市场的区域发展，人口密集的城市地区房价往往较高，而人口稀疏的农村地区房价相对较低。

2. 调研城市人均年收入和消费水平

随着人均年收入的增加，消费者的购房能力和消费意愿相应提升，推动房地产市场需求增长。同时，消费水平的提升也反映了消费者对于更高品质居住环境的追求，促使房地产市场向更加精细化、个性化的方向发展。然而，若人均年收入增长缓慢或消费水平下降，则可能导致房地产市场需求不足，市场面临压力。

3. 调研消费意识及习惯等特征

随着消费者理念的升级，他们对住房的品质、环境、配套设施等要求日益提高，推动了房地产市场向更高品质、更个性化方向发展。同时，消费者的购房习惯也在发生变化，从过去的单纯追求面积大、价格低，转变为更加注重居住体验和生活品质。这些变化不仅影响了房地产市场的供需结构，也促使开发商不断创新，提升产品质量和服务水平。

4. 调研消费者群体构成

消费群体构成包括家庭结构、职业结构、年龄结构、家庭月收入等。不同年龄段、收入水平和职业背景的消费者，其购房需求和偏好各异。年轻消费者更注重房屋的设计和地段，追求生活品质；而中老年消费者则更看重房屋的实用性和配套设施，追求舒适便利。高收入者追求高端豪宅，而中低收入者则更注重性价比。这些差异直接决定了房地产市场的产品结构和价格定位。

（二）消费者直接需求分析

1. 置业动机需求

置业动机需求主要有居住（首次置业满足居住、多次置业改善居住、购房给亲人）、度假（纯粹度假、"5+2"半度假模式）和投资（出租及物业保值、升值）三大类。居住多强调舒适性和品位，度假强调优美的自然环境，而投资则关注未来的升值空间。

2. 生活方式需求

不同的消费者有不同的生活方式,对生活方式的调研有利于开发商找到目标客户,并有针对性地对项目进行定位。

3. 楼型及户型需求

不同的消费者有不同的楼型和户型的需求。在户型间隔方面,年轻人更喜欢具有个性化的设计,如跃层、错层等;而老年人则多喜欢传统的低层、平层、两室一厅结构,以及卧室朝阳、南北通透的传统户型设计。

4. 单价和总价需求

在总价方面,面积越大,总价越高,对客户的经济承受能力要求则越高。高收入者多关注总价,而满足居住需求者则较为关注单价。

5. 装修标准需求

根据装修标准,商品房可以分为毛坯房、简装修、精装修、豪华装修等。经济能力有限的客户多考虑毛坯房或简装修,前者可以降低房价,后者可以直接入住。高收入的群体则多选择毛坯房,可以自己独立装修,更显个性、品位和格调。

6. 生活配套设施需求

不同的客户群对生活配套设施的需求有明显的差异。写字楼客户需要商务服务中心等配套设施,高档楼盘的客户需要会所类配套设施,一般住宅客户群则需要超市、医院、学校等配套设施。

7. 建筑风格需求

不同的房地产项目定位通过不同的建筑风格定位予以体现。年轻客户多喜欢简约、明快、动感的建筑风格,富裕阶层则需要通过建筑风格体现其尊贵身份或独特的品位。

(三) 调研影响消费群体购买决策的因素

影响消费者购房决策的因素众多,既有外部因素也有内部因素。

在外部因素方面,经济因素(包括房价、首付比例、贷款利率等)直接关系消费者的购房成本,地理位置(包括交通便利性、周边设施完善度以及环境景观等)影响生活的便捷性,房屋的质量和户型设计提供安全、舒适且实用的居住环境,除此以外还有建筑风格、绿化、物业管理等诸多因素,其中的任何一个因素都有可能影响消费者的购买决策。

在内部因素方面,消费者的家庭结构、教育需求、心理预期和购房动机也是影响决策的重要因素。

调研影响消费群体购买决策的因素就是要根据调研结果,把影响消费者购买决策的因素进行排序,综合考虑各因素的重要性,为后续的房地产定位策划提供有力支撑,精准把握市场需求,制订更为有效的营销策略。

拓展阅读2-3
6W1H消费者需求调研

二、消费者需求调研的重要方法——问卷调研法

问卷调研法是进行消费者调研的最常用方法,一般可采用访谈问卷、街头拦截问卷、入室问卷、报纸公开问卷、网络问卷等多种方式来具体实施。作为调研者与被调研者之间

中介物的调研问卷,其设计是否科学合理,将直接影响问卷的回收率,影响资料的真实性、实用性。于是,方圆认真学习了问卷调研法相关知识。

(一)问卷调研法的概念

问卷又称调研表,是调研者根据市场调研的目的和要求,将所需调研的问题具体化,由一系列问题、调研项目、备选答案及说明等组成的向被调研者收集资料的一种工具。

问卷调研法简称问卷法,是调研者运用统一设计的调研问卷,由被调研者填写,向被调研者了解市场有关情况,以收集有关资料的方法。

(二)调研问卷的格式

一份完整的调研问卷通常包括问卷标题、问卷说明、被调研者基本情况、调研主题内容、编码、作业证明记载这几项内容。

1. 问卷标题

问卷的标题是概括说明调研研究主题,使被调研者对所要回答什么方面的问题有一个大致的了解。确定标题应简明扼要,易于引起被调研者的兴趣。例如"房地产消费者市场调研问卷""广告媒体选择调研问卷"等。而不要简单采用"问卷调研"这样的标题,容易引起被调研者因不必要的怀疑而拒答。

2. 问卷说明

问卷说明常以简短的书信形式出现,旨在向被调研者说明调研的目的、意义。对自填式问卷还有填表须知、交表时间、地点及其他事项说明等。问卷说明一般放在问卷开头,通过它可以使被调研者了解调研目的,消除顾虑,并按一定的要求填写问卷。

3. 被调研者基本情况

被调研者基本情况是指被调研者的一些主要特征,即背景资料。例如,在消费者调研中,消费者的性别、年龄、民族、家庭人口、婚姻状况、文化程度、职业、单位、收入、所在地区等。通过这些项目,便于对调研资料进行统计分组、分析。在实际调研中,列入哪些项目,列入多少项目,应根据调研目的、调研要求而定,并非多多益善。

4. 调研主题内容

调研的主题内容是调研者所要了解的基本内容,也是调研问卷中最重要的部分。它主要是以提问的形式提供给被调研者,这部分内容设计的好坏直接影响整个调研的价值。主题内容主要包括:①对消费者的购买行为进行调研;②对消费者的行为动机进行调研;③对消费者的消费态度、意见、感觉、偏好等进行调研。

5. 编码

编码是将问卷中的调研项目变成数字的工作过程,大多数市场调研问卷均需加以编码,以便分类整理,易于进行计算机处理和统计分析。所以,在问卷设计时,应确定每一个调研项目的编号和为相应的编码做准备。通常是在每一个调研项目的最左边按顺序编号。例如:

①您的姓名。②您的职业……

而在调研项目的最右边,根据每一调研项目允许选择的数目,在其下方画上相应的若干短线,以便编码时填上相应的数字代号。

与此同时,每份问卷还必须编号,即问卷编号。

6. 作业证明的记载

在调研表的最后,常需附上调研人员的姓名、访问日期、时间等,以明确调研人员完成任务的性质。如有必要,还可写上被调研者的姓名、单位或家庭住址、电话等,以便于审核和进一步追踪调研(应得到被调研者同意才可进行)。

三、设计消费者需求调研问卷

(一)调研问卷设计的原则

调研问卷设计应遵循以下四个原则。

1. 目的性原则

问卷调研是通过向被调研者询问问题来进行调研的,所以,询问的问题必须是与调研主题有密切关联的问题。这就要求在问卷设计时,重点突出,避免可有可无的问题,并把调研主题分解为更详细的项目,即把它分别做成具体的询问形式供被调研者回答。

2. 可接受性原则

由于被调研者对是否参加调研有着绝对的自由,调研对他们来说是一种额外负担,他们既可以采取合作的态度,接受调研;也可以采取对抗行为,拒答。因此,请求合作就成为问卷设计中一个十分重要的问题。应在问卷说明词中,将调研目的明确告诉被调研者,让对方知道该项调研的意义和自身回答对整个调研结果的重要性。问卷说明词要亲切、温和,提问部分要自然,有礼貌和有趣味,必要时可采用一些物质鼓励,并代被调研者保密,以消除其某种心理压力,使被调研者自愿参与,认真填好问卷。此外,还应使用适合被调研者身份、水平的用语,尽量避免询问一些会令被调研者难堪或反感的问题。

3. 顺序性原则

在设计问卷时,要讲究问卷的排列顺序,使问卷条理清楚,顺理成章,以提高回答问题的效果。问卷中的问题一般可按下列顺序排列。

(1)容易回答的问题(如行为性问题)放在前面;较难回答的问题(如态度性问题)放在中间;敏感性问题(如动机性、涉及隐私等问题)放在后面;关于个人情况的事实性问题放在末尾。

(2)封闭性问题放在前面;开放性问题放在后面。这是由于封闭性问题已由设计者列出备选的全部答案,较易回答,而开放性问题需被调研者花费一些时间考虑,放在前面易使被调研者产生畏难情绪。

(3)专业性强、具体细致的问题应尽量放在后面。

(4)要注意问题的逻辑顺序,如可按时间顺序、类别顺序等合理排列。

4. 简明性原则

(1)调研内容要简明。

(2)调研时间要简短,一般问卷回答时间应控制在30分钟左右。

(3)问卷设计的形式要简明易懂、易读。

(二)设计调研问卷的问题

问卷的语句由若干个问题所构成,问题是问卷的核心,在进行问卷设计时,必须对问题的类别和提问方法仔细考虑,否则会使整个问卷产生很大的偏差,导致市场调研的失败。因此,在设计问卷时,应对问题有较清楚地了解,并善于根据调研目的和具体情况选择适当的询问方式。

1. 开放性问题和封闭性问题

(1) 开放性问题是指所提出问题并不列出所有可能的答案,而是由被调研者自由作答的问题。开放性问题一般提问比较简单,回答比较真实,但结果难以做定量分析,在对其做定量分析时,通常是将回答进行分类。例如:

您在购房过程中最需要哪些服务?

(2) 封闭性问题是指已事先设计了各种可能的答案的问题,被调研者只要或只能从中选定一个或几个现成答案的提问方式。封闭性问题由于答案标准化,不仅回答方便,而且易于进行各种统计处理和分析。但缺点是被调研者只能在规定的范围内被迫回答,无法反映其他各种有目的的、真实的想法。例如:

您在购房时,最先考虑哪些因素?(请用阿拉伯数字选出前三项)

☐楼层　　☐朝向　　☐采光　　☐通风　　☐位置
☐户型　　☐质量　　☐配套设施　☐绿化环境

2. 事实性问题、行为性问题、动机性问题、态度性问题

(1) 事实性问题是要求被调研者回答一些有关事实性的问题。例如:

您现在的住房产权是谁的?

☐自己所有　　☐租的　　☐借住亲戚朋友的　　☐单位所有

这类问题的主要目的是获得有关事实性资料。因此,问题的意见必须清楚,使被调研者容易理解并回答。

通常在一份问卷的开头和结尾都要求被调研者填写其个人资料,如职业、年龄、收入、家庭状况、教育程度、居住条件等,这些问题均为事实性问题,对此类问题进行调研,可为分类统计和分析提供资料。

(2) 行为性问题是对被调研者的行为特征进行调研。例如:

您以前是否购买过住房?

☐买过　　☐没买过

(3) 动机性问题是为了解被调研者行为的原因或动机问题。例如:

您购买住房的主要原因是什么?

☐想拥有自己的住房　　☐现有住房太小　　☐现有住房地理位置不好
☐现有住房户型不好　　☐想投资房地产　　☐其他

在提动机性问题时,应注意人们的行为可以是有意识动机,也可以是半意识动机或无意识动机产生的。对于前者,有时会因种种原因不愿真实回答;对于后两者,因被调研者对自己的动机不十分清楚,也会造成回答的困难。

(4) 态度性问题是关于对被调研者的态度、评价、意见等问题。例如:

您是否喜欢现有住房的物业?

(三) 设计调研问卷的答案

在市场调研中,无论是何种类型的问题,都需要事先对问句答案进行设计。在设计答

案时,可以根据具体情况采用不同的设计形式。

1. 二项选择法

二项选择法又称真伪法或二分法,是指提出的问题仅有两种答案可以选择。"是"或"否","有"或"无"等。这两种答案是对立的、排斥的,被调研者的回答非此即彼,不能有更多的选择。例如:

您现在拥有住房吗?答案只能是"有"或"无"。

这种方法的优点是:易于理解和可迅速得到明确的答案,便于统计处理,分析也比较容易。但被调研者没有进一步阐明理由的机会,难以反映被调研者意见与程度的差别,了解的情况也不够深入。这种方法,适用于互相排斥的两项择一式问题,及询问较为简单的事实性问题。

2. 多项选择法

多项选择法是指所提出的问题事先预备好两个以上的答案,被调研者可任选其中的一项或几项。例如:

您对所购买的住房哪些方面很满意?(在您认为合适的□内画√)
□位置　　□绿化环境　　□设计　　□质量　　□建材　　□物业　　□其他

由于所设答案不一定能表达出填表人所有的看法,所以在问题的最后通常可设"其他"项目,以便使被调研者表达自己的看法。

这种方法的优点是比二项选择法的强制选择有所缓和,答案有一定的范围,也比较便于统计处理。但采用这种方法时,问卷设计者要考虑以下两种情况。

(1) 要考虑到全部可能出现的结果,及答案可能出现的重复和遗漏。

(2) 要注意根据选择答案的排列顺序。有些被调研者常常喜欢选择第一个答案,从而使调研结果发生偏差。此外,答案较多,使被调研者无从选择,或产生厌烦。一般这种多项选择答案应控制在8个以内,当样本量有限时,多项选择易使结果分散,缺乏说服力。

3. 顺位法

顺位法是对提出的问题,列出若干项目,由被调研者按重要性决定先后顺序。顺位方法主要有两种:一种是对全部答案排序;另一种是只对其中的某些答案排序,究竟采用何种方法,应由调研者来决定。具体排列顺序,则由被调研者根据自己所喜欢的事物和认识事物的程度等进行排序。例如:

您在购房时,主要考虑的因素是(请将所给答案按重要顺序1,2,3……填写在□中)
□房价　　□户型　　□朝向、通风、采光　　□建筑外观风格
□小区内景观、环境　　□开发商品牌、实力　　□交通情况　　□周边配套设施

顺位法便于被调研者对其意见、动机、感觉等做衡量和比较性的表达,也便于对调研结果加以统计。但调研项目不宜过多,过多则容易分散,很难顺位,同时所询问的排列顺序也可能对被调研者产生某种暗示影响。这种方法适用于对要求答案有先后顺序的问题。

4. 量表测量法

量表测量法是将消费者态度分为多个层次进行测量,其目的在于尽可能多地了解和分析被调研者群体客观存在的态度。例如:

你是否满意 A 企业物业？

−2	−1	0	1	2
不满意	不太满意	一般	比较满意	很满意

5. 过滤法

过滤法又称"漏斗法"，是指最初提出的是离调研主题较远的广泛性问题，再根据被调研者回答的情况，逐渐缩小提问范围，最后有目的引向要调研的某个专题性问题。这种方法询问及回答比较自然、灵活，使被调研者能够在活跃的气氛中回答问题，从而增强双方的合作，获得被调研者较为真实的想法。但要求调研人员善于把握对方心理，善于引导并有较高的询问技巧。此方法的不足是不易控制调研时间。这种方法适合于被调研者在回答问题时有所顾虑，或者一时不便于直接表达对某个问题的具体意见时所采用。例如，对那些涉及被调研者自尊或隐私的问题，如收入、文化程度、年龄等，可采取这种提问方式。

例如：

(1) 请问您打算何时购房？

□1 年之内　　□2 年之内　　□3 年之内　　□3 年以上→终止访问

(2) 请问您的年龄是_____？

□25 岁以下　　□25～35 岁　　□36～45 岁　　□46～55 岁　　□56～65 岁

□65 岁以上→终止访问

(3) 请问您的家庭月收入属于以下哪种情况？

□2000 元以下→终止访问　　□2500～4000 元　　□4000～6000 元

□6000～8000 元　　□8000～10000 元　　□10000～15000 元

□15000 元以上→终止访问

四、消费者需求调研问卷结果分析

在完成了房地产消费者市场问卷调研后，接下来方圆又对问卷收集到的资料从以下五个方面进行了分析。

（一）分析被调研者构成

针对调研的数据对被调研者的构成进行分析和归类，一般按照年龄、职业、受教育程度、职业属性、家庭人口结构等变量归类。

（二）分析购买意向

(1) 购买动机及决策→判定购买者是用于投资、居住还是其他。

(2) 购房区域选择→暗示对区域规划前景或环境的偏好或信心。

(3) 投资意向调研→获取购房者对投资性购房的真实、客观数据。

(4) 区域价格预测→获取购房者对未来房价的预期价位，如果预期价格高，可能会加快他们的购买决定；如果预期降低，他们可能会持币待购。

（三）分析购买偏好

(1) 地段→暗示对某一地段的独特偏好和市场升值潜力预期。

（2）价位，包括单价承受能力和总价承受能力→获取其购房的支付能力和偏好，为价格定位提供基础数据。

（3）户型与结构→获取其对形势需求偏好，为建筑规划和户型设计提供基础数据。

（4）面积分析，包括需求面积分析、客厅面积、卫生间面积、厨房面积、卧室面积、阳台面积→获取其对面积的偏好，为建筑规划和户型设计提供基础数据。

（5）建筑风格→获取其对建筑风格的独特建议，供建筑设计参考。

（6）装修档次→获取其对装修的建议，分析其心理状态，更准确地描述客户特征，为楼盘档次提供参考。

（四）分析购买行为

（1）付款方式选择→为销售策略推出提供重要依据，便于制订推销方法。

（2）首付金额→可从中看出消费者的购房实力和心理支付底线，为销售策略提供参考。

（3）愿意承担的月供金额→可以判定出家庭收入能力，为销售策略提供参考。

（五）分析购买决策

（1）购房考虑因素重要程度→对于最满意和最不满意的前五位因素都需予以重点分析，本项目如何结合这些最满意的决策因素，如何避免最不满意的因素。

（2）交付要求→其调研结论是影响决策者的重要因素，可能会影响整个项目开发的节奏和计划。

（3）配套设施要求→影响着购房者未来的生活方便程度和舒适程度，必须与客户群定位结合起来规划。

案例 2-3

常州市住房消费者需求调研问卷（已填）

编号：__012__

尊敬的先生/女士：

您好！

我是 A 房产咨询有限公司的调研员，现在正在进行一项消费者住房需求与消费方面的情况调研。想就这方面的话题问您几个问题，很希望您能提供此方面的意见。您的回答无所谓对错，只要是您真实的想法，都会对我们有很大的帮助。我们将对您所填资料完全保密。感谢您在百忙之中抽出时间，协助完成这次调研。谢谢！

调研员信息

姓名：__方圆__　　　　　　　　　　　调研日期：20××年3月8日

一、住房现状（请在正确选项前打"√"）

1. 您现在住房的户型是：
   A. 一室一厅　　B. 两室一厅　　√ C. 二室二厅　　D. 三室两厅
   E. 其他_____

2. 您现在住房的面积是：
   　　A. 70m² 以下　　B. 71～90m²　　☑ C. 91～120m²　　D. 121～140m²
   　　E. 141～160m²　　F. 其他_____

3. 您现在住房的来源是：
   　　☑ A. 商品房　　B. 经济适用房　　C. 单位福利房　　D. 自建
   　　E. 其他

二、住房需求

4. 您打算在最近_____内买房？
   　　A. 半年　　B. 一年　　☑ C. 两年　　D. 更久

5. 您若购房，购买的主要原因是：
   　　A. 拆迁购房　　B. 换房改善生活　　C. 为儿女购房　　D. 结婚购房
   　　☑ E. 添置第二套居所　　F. 其他_____

6. 您若购房，打算选什么住房类型？
   　　A. 高层(12层以上)　　　　　　B. 小高层(7～12层)
   　　☑ C. 多层(4～6层)　　　　　　D. 独栋别墅
   　　E. 其他_____

7. 您若购房，打算选什么户型？
   　　A. 一室一厅一卫　　　　　　B. 二室一厅一卫
   　　C. 二室二厅一卫　　　　　　D. 三室二厅一卫
   　　E. 三室二厅两卫　　　　　☑ F. 四室二厅两卫
   　　G. 其他(如复式、跃层等)

8. 您若购房，您打算买多大面积(建筑面积)？
   　　A. 小套型 30～60m²　　　　　B. 中套型 61～80m²
   　　C. 大套型 81～100m²　　　　 D. 中大套型 101～130m²
   　　☑ E. 大套型 131～150m²　　　F. 151m² 以上

9. 您喜欢哪种建筑风格？
   　　A. 具有现代感，有较强烈的视觉冲击力
   　　☑ B. 欧美风格，高贵气派
   　　C. 复古风格，体现传统江南建筑风格
   　　D. 其他风格
   　　E. 无所谓

10. 您在购房时，最关心的问题是：(请按重要程度排列出前3位)
    　　②A. 地段　　B. 小区环境　　C. 交通　　①D. 价格
    　　E. 开发商品牌　　③F. 房型　　G. 物业管理　　H. 社区配套
    　　I. 智能化及安保设施　　J. 车位是否充足

11. 您在购房时，希望小区有哪些配套设施？(可多选)
    　　A. 幼儿园　　☑ B. 便利超市　　C. 医疗点　　D. 邮局

☑ E. 银行 F. 图书阅览室 G. 健身房 ☑ H. 游泳池
☑ I. 儿童乐园 J. 老年活动中心 K. 干洗店 L. 其他

12. 您希望买的住房装修标准如何？
    ☑ A. 全毛坯 B. 提供一般装修
    C. 精装修

13. 您所能承受的单价是每平方米：
    A. 4000 元以下 B. 4001～5000 元
    C. 5001～6000 元 D. 6001～8000 元
    ☑ E. 8001～10000 元 F. 10000 元以上

14. 您所能承受的总价是：
    A. 40 万元以下 B. 40 万～50 万元
    C. 50 万～60 万元 D. 60 万～80 万元
    ☑ E. 80 万～100 万元 F. 100 万元以上

15. 您能承受的物业管理费用是多少？
    A. 0.5～1.0 元/m² · 月 ☑ B. 1.0～2.0 元/m² · 月
    C. 2.0～3.0 元/m² · 月 D. 3.0 元/m² · 月以上

三、基本信息

1. 您的性别？
    A. 男 ☑ B. 女

2. 您的年龄是：
    A. 25 岁以下 ☑ B. 25～35 岁 C. 36～45 岁 D. 46～55 岁
    E. 56～65 岁 F. 65 岁以上

3. 您的家庭人口数量是：
    A. 单身 B. 两口之家 ☑ C. 3～4 人 D. 5 人
    E. 5 人以上

4. 您的文化程度是：
    A. 初中及初中以下 B. 高中
    C. 大/中专 ☑ D. 大学本科
    E. 本科以上

5. 您的工作单位是：
    A. 国家机关 ☑ B. 企/事业单位
    C. 外企 D. 私营企业单位
    E. 其他

6. 您的月收入在：
    A. 1000 元以下 B. 1000～3000 元
    ☑ C. 3000～5000 元 D. 5000～7000 元
    E. 7000～10000 元 F. 10000 元以上

访问到此结束，再次感谢您的支持！祝您身体健康，万事如意！

能力训练

1. 参考案例2-2常州市住房消费者需求调研问卷,分组开展消费者需求调研,利用问卷星网站平台设计消费者需求调研问卷,编辑后生成二维码链接。
2. 学生分组根据本组样本楼盘所在区域,确定房地产消费者需求问卷调研地点,采用街头拦截法请消费者扫描填写问卷,实施房地产消费者市场调研,完成调研问卷。
3. 结合问卷星答卷系统分析消费者调查的结果,分别进行消费者群体分析、直接需求分析和购买决策因素分析,将分析结果制作成PPT。

拓展阅读2-4
问卷星使用教程

任务四 竞争对手调研

任务目标

1. 掌握竞争楼盘调研的内容。
2. 实施竞争楼盘和竞争企业调查,撰写调查报告。
3. 提升沟通协调能力和团队合作能力。

任务背景

市场竞争对于制订市场营销策略有着重要的影响。竞争楼盘的存在将直接影响N地块项目的销售状况,因此需对竞争楼盘进行跟踪调研。调研竞争楼盘,可以帮助掌握市场竞争的主动权,并有针对性地制订出反击取胜的策略。方圆及其所在的N地块项目市调组,锁定了N地块项目的竞争楼盘,并对竞争楼盘的产品特征、销售卖点、销售价格、销售情况等进行调研,总结其优劣势,及时调整自身项目的定位。

知识准备

一、竞争楼盘调查

(一)调查区域在售竞品项目总体情况

在撰写房地产项目营销策划报告时,一般在详细梳理竞品个案之前先做总体分析,帮助了解周边竞争的总体情况,一般会用到竞品地图和统计表这两种工具。

房地产项目竞品地图和统计表都是视觉化的工具,旨在帮助房地产开发商、营销团队或投资者全面、直观地了解特定区域内竞争项目的分布情况、特点以及市场态势。通过竞品地图和统计表,相关人员可以迅速识别主要竞争对手、分析竞争态势,进而制订有针对性的市场策略。制作竞品地图时,可以利用专业的地图制作软件或在线地图平台,根据收集到的竞品信息进行标注和整理。

竞品地图和统计表通常包含以下关键信息。

(1) 竞品位置：在地图上准确标注每个竞争项目的位置，帮助识别项目分布的密集区域和空白区域。

(2) 项目基本信息：包括竞品项目的名称、开发商、建筑类型（如住宅、商业、混合用途等）、规模（如占地面积、建筑面积等）以及建筑风格等。

(3) 价格与定位：标注竞品项目的价格范围、目标客户群体以及市场定位，有助于了解竞品在市场上的吸引力和竞争优势。

(4) 销售情况：显示竞品项目的销售进度、去化率以及销售策略等，有助于分析竞品的市场表现和销售趋势。

(5) 配套设施与服务：标注竞品项目周边的配套设施，如交通、商业、教育等，以评估竞品的便利性和吸引力。

(二) 调查区域在售竞争个案

1. 区域在售竞争个案选择

竞品个案选择时要综合考虑新推、相似、热销或滞销。

1) 新推竞品项目

重点关注区域内新推项目以及区域外与本项目定位相似的新推项目，应重点关注其设计理念、创新点以及市场推广策略。这类竞品往往代表着市场的新趋势和消费者的新需求，通过分析其特点和市场表现，可以为项目团队提供有益的启示和借鉴。

2) 相似竞品项目

相似竞品项目可以分为两类：一类是与所在项目处于同一区域的项目，另一类是不同区域但定位相似的项目。选择相似的竞品个案时，应确保这些项目在产品类型、定位、价格等方面与目标项目具有较高的相似性。通过对比这些相似竞品的优缺点，可以更加准确地评估目标项目的竞争力和市场潜力。

3) 热销竞品项目

对于热销的竞品个案，应深入剖析其热销的原因，包括产品设计、价格策略、营销策略等。这些成功的经验可以为目标项目提供宝贵的参考，帮助项目团队制订更具针对性的市场策略。

4) 滞销竞品项目

对于滞销的竞品个案，同样需要进行分析，了解其滞销的原因，如定位偏差、价格过高或营销策略不当等。通过吸取这些教训，可以避免目标项目出现类似的问题，提高项目的市场竞争力。

2. 区域在售竞争个案调研主要内容

区域在售竞争个案调研主要内容包括：①项目概况分析；②规划格局分析；③建筑风格分析；④户型特点分析；⑤装修特点分析；⑥样板房特点分析；⑦景观绿化特点分析；⑧配套设施分析；⑨目标客户分析；⑩营销策略分析；⑪价格策略分析；⑫广告策略分析；⑬售楼处布置分析；⑭开发商情况分析；⑮物业管理情况分析。

具体可参考竞争楼盘调研表（见表 2-3），表 2-3 是方圆在进行竞争楼盘调研时所采用的调研表。

表 2-3 竞争楼盘调研表

调研时间：___年___月___日　　调研人：_____　　记录人：_____

一、楼盘基本资料

1. 楼盘名称：		2. 售楼电话：	
3. 项目位置：		4. 建筑类型：	
5. 占地面积：		6. 总建筑面积：	
7. 面积范围：		8. 主力面积：	
9. 开盘价格：		10. 单价范围：	
11. 总价范围：		12. 销售均价：	
13. 开盘日期：		14. 开工时间：	
15. 可售户数：		16. 竣工时间：	
17. 容积率：		18. 绿化率：	
19. 物业类别：		20. 物业管理费：	

21. 楼盘现状：□拆迁　　□基础　　□主体结构　　□结构封顶　　□装修　　□交房

二、周边配套

1. 四至	
2. 交通路线	
3. 周边交通	
4. 商业环境	
5. 市政配套	
6. 生活配套	

三、小区配套

1. 会所设施	
2. 公建配套	
3. 绿化配套	
4. 商业设施	

5. 车位(库)：
地上：_____　　　　　地下：_____

四、户型配比

户型	面积	户数	配比	去化率

续表

五、其他情况	
1. 开发商	
2. 建筑设计	
3. 施工单位	
4. 企划销售	
5. 广告代理	
6. 绿化设计	
7. 物业管理	
六、产品规划	
1. 产品规划	
2. 总平图	
3. 主力产品分析	
七、综合分析	
1. 上市节奏分析	
2. 营销分析	
3. 价格分析	
4. 客源分析	
5. 优势	
6. 劣势	
7. 综合竞争力	

3. 实施竞争楼盘调研分析的要点

方圆通过网络调研法收集了某项目二手资料，通过访谈法、实地调研法又收集了某项目一手资料。在对某项目进行了认真调研后，方圆开始分析某项目的优缺劣，并将其作为竞争楼盘与 N 地块项目进行了比较，概括出某项目对 N 地块项目的影响及其影响程度，以便于在后续销售期明确突出 N 地块项目的优势、合理规避 N 地块项目的劣势。

方圆着重从以下五个方面对某项目进行了调研分析。

1) 分析竞争楼盘的地理位置

楼盘的地理位置的优劣，往往决定了楼盘的大部分价值。从大的方面讲，就是分析竞争楼盘所在地的区域特征（商业中心、工业中心、学院社区等），了解区域交通状况，区域公共设施配套（水、电、气等市政配套，文、教、卫、菜场、商业、超市等生活配套）和人文环境（如学校）等。从小的方面讲，就是竞争楼盘的大小形状、所处位置、东南西北朝向、环境等。

2) 分析竞争楼盘的产品

分析竞争楼盘的产品是调研分析竞争楼盘的主要内容。分析产品是了解竞争楼盘的基础,只有认真分析,才能正确把握因此而产生的种种变化。重点在于了解竞争楼盘的总建筑面积、规划、建筑设计与外观、总套数与户型、面积配比、建筑用材、公共设施和施工进度、交房期限等。

3) 分析竞争楼盘的价格组合

市场营销中往往有许多关于价格方面的促销活动,但万变不离其宗,最终归于价格组合的三个方面。剖析价格组合并了解其运用策略是市场调研最吸引人的地方。重点调研产品的单价、总价和付款方式、价格的变动。

4) 分析竞争楼盘的广告策略、营销策略和业务组织

广告策略是指广告的主要诉求点、媒体选择、广告密度和实施效果等。业务组织是指售楼地点的选择、人员的配置、业务的执行等。

5) 了解竞争楼盘的销售状况

了解竞争楼盘的销售状况是最关键的,需要了解什么样的户型最好卖,什么样的总价最为市场所接受,吸引客户最主要的地方是什么,购房客户群有什么特征等。

(三) 调查区域存量及未来供应量

调查房地产项目区域存量和未来供应量,需要从已推和未推两个方面进行深入分析。

1. 已推项目区域存量分析

已推项目区域存量分析主要从以下内容分析。

(1) 统计已推项目的总套数、已售套数、未售套数等,了解当前市场存量情况。

(2) 分析已售项目的销售速度、去化周期,预测未来一段时间内未售项目的销售趋势。

(3) 评估未售项目的剩余房源类型、面积、价格等,了解市场需求和潜在购买力。

2. 未推项目未来供应量分析

1) 土地供应分析

(1) 查阅政府部门的土地出让计划、规划文件等,了解未来一段时间内的土地供应情况。

(2) 分析土地供应的地理位置、用途限制、容积率等条件,预测潜在的开发项目。

2) 潜在项目分析

(1) 考察已获取土地但未开工的项目,了解项目的规划、定位、开发进度等。

(2) 评估潜在项目的开发潜力,包括市场规模、购房者需求、竞争对手等因素。

潜在项目分析是将已推项目的存量分析和未推项目的供应量预测结合起来,进行综合分析和比较。评估当前市场的供需状况,预测未来市场的发展趋势。同时,结合项目的实际情况和市场需求,为项目的定位、营销策略等提供决策支持。

二、竞争企业调研

房地产项目竞争企业调研的内容通常涵盖了多个方面,以便全面了解竞争对手的状

况,为项目决策提供有力支持。以下是竞争企业调研的主要内容。

（一）企业基本信息

企业基本信息包括企业名称、成立时间、注册资本、企业性质（国有、民营、外资等）、组织架构、法人代表等,这些信息有助于了解企业的基本背景和规模。

（二）经营状况和财务状况

经营状况和财务状况包括调查企业的营业收入、利润、负债等财务指标,以及近年来的发展趋势。同时,了解企业的资金流动情况、融资能力和偿债能力等,以评估其经济实力和稳定性。

（三）土地资源储备

土地资源储备包括企业拥有的土地数量、位置、面积、规划用途等,这有助于了解竞争对手的土地资源优势和未来项目发展潜力。

（四）项目开发和销售情况

项目开发和销售情况是指分析竞争对手已开发项目的类型、规模、定位、销售情况等,以及未来计划开发的项目,如有产品线,可结合开发企业产品线一起分析。这有助于了解对手的市场布局和产品策略,以及可能存在的竞争压力。

（五）市场营销策略

市场营销策略是指研究竞争对手的市场定位、宣传渠道、推广手段等,以及其在市场上的口碑和品牌形象。这有助于了解对手的市场竞争力和客户吸引力。

（六）技术研发和创新能力

技术研发和创新能力是指评估竞争对手在建筑设计、施工技术、材料应用等方面的研发能力和创新成果。这有助于了解对手在技术和产品方面的竞争优势。

（七）战略合作和产业链整合

战略合作和产业链整合是指了解竞争对手与上下游企业、金融机构、政府部门等的合作关系,以及其在产业链中的地位和影响力。这有助于评估对手的资源整合能力和市场竞争力。

（八）法律风险和政策影响

法律风险和政策影响是指调查竞争对手是否涉及法律诉讼、违规行为等,以及其对政策变化的敏感度和应对能力。这有助于了解对手可能面临的风险和挑战。

能力训练

1. 学生分组制作样板楼盘的竞品地图和竞品表,选择1～3个竞品项目做个案详细调研。
2. 实地调研竞争楼盘,完成竞争楼盘调研表。
3. 整理、分析竞争楼盘调研资料,模仿例文,撰写《某楼盘调研分析报告》。
4. 将竞争楼盘与样本楼盘比较,总结竞争楼盘与样本楼盘相比较的优劣势,分析竞争楼盘对样本楼盘的影响及其影响程度,以利于对样本楼盘进行SWOT分析,便于后期销售。

拓展阅读2-5
某项目调研
分析报告

任务五　项目自身条件调研

任务目标

1. 掌握SWOT分析的基本步骤。
2. 会根据项目自身条件进行SWOT分析。
3. 提升沟通协调能力和团队合作能力。

任务背景

项目自身条件调研分析主要是认清自我的一个过程,项目所在地的气候、土地性质、周围交通、配套设施都是重点调研的对象,这个过程能帮助决策者认清项目的优势、劣势、机会和挑战,以便于更好地结合项目资源,挖掘出项目的附加值。在进行了市场环境调研、消费者需求调研、竞争楼盘调研的基础上,方圆及其所在的N地块项目市调组一起对N地块项目自身条件进行了认真细致的调研分析。

知识准备

一、项目自身条件分析的内容

房地产项目自身条件分析的内容,主要包括地块本身的分析和配套分析两大方面。以下是对这两方面的详细阐述。

（一）地块本身分析

1. 地块位置与特点

首先,要分析地块所处的地理位置,包括其在城市或区域中的位置,以及周边的交通状况、商业氛围等。同时,要考察地块本身的特点,如形状、面积、地势、地质条件等。

2. 规划指标分析

房地产项目规划指标分析需综合考虑容积率、建筑密度、绿化率等核心要素。容积率反映土地利用强度,建筑密度体现空间布局合理性,绿化率则关乎居住环境品质。通过对比规划指标与实际建设情况,评估项目合规性与市场潜力,为决策提供依据。

3. 开发潜力与价值

通过综合分析地块的位置、特点、规划指标等因素,评估地块的开发潜力和市场价值。

（二）地块配套分析

1. 市政基础设施

市政基础设施包括供水、供电、供气、排水、排污等系统,是房地产项目得以顺利建设和运营的基石,直接影响项目的建设成本、运营效率以及居民的生活品质。

2. 交通配套设施

交通设施的完善程度直接决定了地块的通达性和吸引力,因此,需要对地块周边的公共交通系统、道路网络以及停车设施的现状及未来规划进行深入研究,以便为项目的规划设计和市场推广提供有力支撑。

3. 商业配套设施

商业配套设施包括购物中心、超市、餐饮店、娱乐场所等,是满足居民日常生活需求的重要场所。因此,在项目规划阶段,需要充分考虑商业配套设施的布局和规模,以便为居民提供便捷、舒适的购物和休闲环境。

4. 教育医疗配套设施

教育和医疗是居民生活中不可或缺的重要部分,因此需要对教育医疗设施的现状及未来规划进行深入了解,以便为项目的定位和推广提供有力依据。

5. 生态环境配套设施

生态环境配套设施包括公园、绿地、水系等自然景观,是提升项目居住品质和生活环境的重要因素,在项目规划阶段,需要充分考虑生态环境配套设施的建设和保护,以便为居民提供宜居、宜业、宜游的优质生活环境。

二、项目SWOT分析

(一) SWOT分析法介绍

SWOT分析法又称为态势分析法,是20世纪80年代由美国旧金山大学的管理学教授韦里克制订的,常被用于企业战略制订、竞争对手分析等场合。SWOT分析法通过对优势S(strengths)、劣势W(weaknesses)、机会O(opportunities)和威胁T(threats)加以综合评估与分析得出结论,然后再调整企业资源及企业策略,来达成企业的目标。

(二) SWOT分析的基本步骤

房地产项目的SWOT分析四步法是一种系统而全面的分析方法,旨在帮助企业确定自身的优势、劣势,以及面临的机会和威胁,从而制订出有效的战略。图2-9是SWOT分析的基本步骤。

图2-9 SWOT分析的基本步骤

1. 确认企业的优劣势

这一步需要深入了解企业的内部环境,包括资源、技术、管理、品牌、财务等方面。优势通常是企业具备的独特能力或资源,能够使其在市场中获得竞争优势;而劣势则是企业需要改进或克服的方面,可能影响其市场竞争力。通过自我评估和对比分析,企业可以清晰地列出自身的优势和劣势。

2. 确认环境的机会与威胁

这一步需要关注企业的外部环境,包括市场、政策、技术、竞争等方面。机会是指外部环境中的有利因素,如市场需求增长、政策支持等,能够为企业带来发展的可能性;而威胁则是外部环境中的不利因素,如市场竞争激烈、政策调整等,可能对企业的生存和发展造成威胁。通过市场调研和情报收集,企业可以识别出环境中的机会和威胁。

3. 画出 SWOT 矩阵

在这一步中,将第一步和第二步中识别出的优势、劣势、机会和威胁分别填入 SWOT 矩阵的相应位置。这个矩阵是一个直观的工具,能够帮助企业清晰地看到自身的内部条件和外部环境的匹配情况。

4. 进行战略分析

根据 SWOT 矩阵,企业可以进行战略分析,包括 SO 战略(利用优势抓住机会)、ST 战略(利用优势应对威胁)、WO 战略(克服劣势抓住机会)和 WT 战略(克服劣势应对威胁)。通过对比分析不同战略组合的优劣和可行性,企业可以选择最适合自身情况的战略方案。

(1) SO 对策。增长型战略,对于有些项目劣势,在无法补偿的情况下只能采取扬长避短的策略,发挥项目优势,把握市场机会。

(2) ST 对策。多种经营战略,ST 对策即弥补不足,把握机会,着重考虑优势因素和威胁因素,努力使优势因素趋于最大,使威胁因素趋于最小。

(3) WO 对策。扭转型战略,WO 对策即着重考虑劣势因素与机会因素,努力使劣势因素趋于最小,使机会因素趋于最大。

(4) WT 对策。防御型战略,WT 对策即着重考虑劣势因素和威胁因素,努力使这些因素趋于最小。

由上可见,WT 对策是处于最困难情况下不得不采取的对策,WO 对策和 ST 对策是处于一般情况下的对策,SO 对策是最理想的对策。

案例 2-3

房地产项目 SWOT 分析案例

表 2-4 和表 2-5 分为企业和学生营销策略报告作品中关于项目的 SWOT 分析部分。

表 2-4 企业作品:常州某项目提报

优势	劣势
1. 城东核心地段,交通便捷,升值潜力强; 2. 城东未来商业中心区,一站式全功能; 3. 常州中央生态区,水景/公园资源丰富; 4. 规模大盘,优质产品力,多样产品线; 5. 户型方正,全三房朝南,赠送面积多; 6. 嘉宏集团品牌影响力及优质物业服务; 7. 嘉宏旗下老客户资源积累; 8. 专业营销团队,执行力强	1. 区域环境现状一般,水系资源待开发; 2. 受城东固有印象影响,客户对区域认同度低; 3. 项目所在片区人气不足; 4. 区域客户市场以刚需为主,实力改善客群基数低; 5. 现场展示中心尚未开放,客户缺乏品质体验

续表

机会	威胁
1. 项目较之竞品,与玫瑰湖最接近; 2. 政府对区域发展的支持使未来走向整体看好; 3. 优质客户对品质产品的追求; 4. 嘉宏多年品牌口碑的积累; 5. 项目与竞品的户型面积段差异性	1. 区域市场持续放量,下半年竞争激烈; 2. 区域竞品对客户的拦截,影响本案去化; 3. 国家对房地产信贷的严控,影响未来去化速度; 4. 调控政策影响未散,改善型客户观望情绪依然

表 2-5　学生作品:N 地块二号地块市场调研报告节选

优势	劣势
1. 是令人向往的居住、学习、休闲、工作的可持续发展社区,是当前及未来常州市重点发展区域,人居生态环境优势显著; 2. 市内外路网四通八达,构建了多维立体交通体系,去往常州各区域均比较便捷; 3. 实现从小学教育到大学教育一条龙服务,满足了多数人对教育资源的需求; 4. 周边自然环境优越,大力打造的自然生态里的"城市绿肺",宜居指数高	1. 地块在商业配套上,靠近中吴宾馆(在建)和弘阳广场。中吴宾馆按政府接待和对外商务要求设计建造,大型商场较少,商业环境不成熟,需要市场培育期; 2. 医疗资源相对于其他开发完善的地块和小区比较稀薄; 3. 常州市中心核心商圈加强将分走相对大量的消费人群; 4. 竞争优势不明显
机会	威胁
1. 应周边市场和周边居民的生活需要,会大力地开发医疗设施,医疗设施配套会随着开发的不断完善而不断完善,医疗完善只是时间上的问题; 2. 周围商业配套也将得到加强	1. 周边竞品楼盘较多,房屋供给量大,竞争激烈; 2. 买房人进行分层,有部分外来人群,非必要需求并不在常州市场买房; 3. 周边教育资源丰富,多为有房客户,客源再次删选减少

能力训练

1. 利用网络搜索工具和相关房地产网站,各组下载 3～5 份含 SWOT 分析的营销策划报告,分析其优势、劣势、机会和威胁分别是从哪些方面分析的,总结共同点。

2. 学生分组讨论,派代表分享小组成果。

成果展示 1　学生调研报告成果展示

成果展示 2　学生调研报告成果展示

课后习题

一、单项选择题

1. "该项目周围新开发的品质楼盘,将带动该区域房产质与量的提升,通过对项目进行精准的规划和营销,有可能赢得市场",这属于SWOT分析中对( )的分析。

  A. 机会   B. 优势   C. 劣势   D. 威胁

2. 消费者物价指数(CPI)是反映与居民生活有关的消费品及服务价格水平的变动情况的重要宏观经济指标,在其他条件不变的前提下,CPI指数回落可能会使( )。

  A. 居民购买力得到提高   B. 通货膨胀加剧
  C. 食品需求量急剧增加   D. 等价交换无法实现

3. 在房地产项目营销的不同阶段,调研内容也不同,实施调研需要具体问题具体分析,反映了房地产调查的( )特点。

  A. 调研结果不能直接指示决定   B. 调研内容是广泛的
  C. 调研结果具有很强的针对性   D. 调研结论普遍适于营销的各个阶段

4. 住房消费者主要集中在20~38岁的年龄段,其中又以26~38岁范围的三口之家为主,其次为20~25岁范围新组织的年轻家庭。以上是对消费者( )层次的分析。

  A. 消费者分析   B. 消费者群体分析
  C. 消费者直接需求分析   D. 消费者购买决策因素分析

5. ( )易于理解和可迅速得到明确的答案,便于统计处理,分析也比较容易。但被调研者没有进一步阐明理由的机会,难以反映被调研者意见与程度的差别,了解的情况也不够深入。

  A. 二项选择法   B. 多项选择法
  C. 顺位法   D. 量表测量法

6. 下列选项中,属于房地产市场宏观环境调研内容的是( )。

  A. 房地产法律   B. 国家住房政策
  C. 消费者需求   D. 竞争项目

二、简答题

1. 房地产市场调研阶段,房地产市场宏观环境调研包含哪些内容?
2. 通货膨胀率作为衡量物价稳定的宏观经济指标,对房地产业及市场会产生什么影响?
3. 房地产项目区域供给情况调研主要调研哪些内容?
4. 简述对房地产项目进行SWOT分析的基本步骤?

答案解析

 实训任务

  各小组成员采取分工合作的方式,在模块一实训任务成果的基础上,对样本楼盘开展房地产市场环境、消费者需求以及竞争对手的调研与分析,结合对项目自身条件进行SWOT分析,全面评估项目优势、劣势、机会与威胁,将以上成果整理形成样本楼盘调研报告,并以PPT形式进行展示。

 实训指导

一、实训步骤

(1) 各组分工合作,由组长安排时间,分配任务。

(2) 各组选择、确定样本楼盘。
(3) 各组进行样本楼盘市场环境调研。
(4) 各组进行房地产消费者市场调研。
(5) 各组进行竞争楼盘调研。
(6) 各组对样本楼盘自身条件进行分析。
(7) 调研资料的汇总、整理、分析。
(8) 撰写样本楼盘调研报告的PPT。
(9) 小组代表上台进行成果汇报,学生互评、教师点评。
(10) 修改、提交报告成果,电子文档和打印稿各一份。

二、实训成果要求

1. 实训成果名称。
××楼盘市场调研报告
2. 实训报告格式。
(1) 封面:标题、班级、成员、指导教师。
(2) 目录。
(3) 正文。
① 楼盘概况。
② 市场宏观环境调研:政策环境、经济环境、人口环境、社会文化环境、技术和自然环境。
③ 市场中观环境调研:行业法治体系、城市发展规划、区域供求关系、行业专业机构。
④ 消费者需求调研:消费者群体分析、直接需求、决策因素分析。
⑤ 竞争对手调研:区域竞品现状、个案详细调研、未来竞争预测。
⑥ 项目地块条件分析:地块的经济指标、地块现状、区位、配套;构造SWOT分析矩阵;给出项目建议。
(4) 实训过程及体会。
① 小组成员分工。
② 小组每个成员的实训心得体会。
(5) 附件。
① ××楼盘调研方案。
② 房地产消费者市场调研问卷。
③ 房地产消费者市场调研统计分析表。

三、考核要求

(1) 调研过程认真,数据真实准确;分析过程细致深入,分工明确。
(2) 调研报告思路清晰、资料丰富翔实、页面设计图文并茂。
(3) 成果汇报体系完整、重点突出、语言流畅、阐述到位。

模块三　房地产项目STP营销战略定位

> **案例导入**

某房地产项目客户细分——三大类细分人群

某房地产项目经过充分的市场调研和科学分析,将房地产市场分为青年一代、望子成龙和中年之家三个细分市场,并对每个细分市场进行了细致的研究。

一、青年一代

姓名:李××

职业:公司职员

年龄:24岁

学历:本科

交通工具:电动车/公交车

需求面积:80~90m^2

购房目的:婚房

年收入:8万元(夫妻两人合计12万元以上)

承受总价:80万元左右

购房关注重点:

(1)事业刚刚开始,积蓄不多,首付主要由父母出,考虑还款压力。

(2)对小区品质有一定要求,年轻人预想中的小区整体形象档次不能太差,最好是品牌开发商。

(3)户型上满足居住功能即可,在总价合适的基础上会考虑今后小孩的居住空间。

图3-1　青年一代

地段、小区品质是吸引他们的主要因素(图3-1)。

二、望子成龙

姓名:邢××

职业:公司白领

年龄:35(孩子7岁)

学历:大专

交通工具:电动车/公交车

需求面积:110m^{2}左右

购房目的:改善居住情况

家庭年收入:20万~25万元

承受总价:100万元左右

购房关注重点:

(1) 因为小孩上学,对学校较为关注。

(2) 其次对于户型和物业要求也比较高,希望房间多些,因父母时常会过来看孩子。

(3) 目前有一套老公房,希望出售后多交一些首付,今后的还款压力会小一些。

社区品质、户型、物业管理是吸引他们的主要因素(图3-2)。

图 3-2 望子成龙

三、中年之家

姓名:刘××(五角场东村居民)

职业:工厂中层管理人员

年龄:48岁(孩子在上高中)

学历:大专

交通工具:私家车

需求面积:120~130m²

图 3-3 中年之家

购房目的:改善居住情况

家庭年收入:30万元以上

承受总价:120万元左右

购房关注重点:

(1) 就地置业观念强烈,因为是改善性需求,对于社区品质有一定关注。

(2) 原先居住的小区物业较差,希望物业管理更好一些。

(3) 孩子放假及自己的父母偶尔会过来,希望能有三个房间(图3-3)。

任务一 房地产市场细分

任务目标

1. 理解选择恰当的标准进行市场细分。
2. 会进行房地产市场细分。
3. 提升学生的沟通协调能力和团队合作能力。

任务背景

方圆圆满完成了研展部的实习任务,经过调研对 N 地块项目的市场情况建立了全面的认识,按实习计划她又被安排来到了策划部,参与 N 地块项目的定位工作。为了引导方圆更快进入角色,策划经理告诉方圆,STP 营销战略是一种有效的市场定位方法,它通过市场细分(segmentation)、目标市场选择(targeting)和市场定位(positioning)三个步骤,帮助企业实现更精准的定位和更有效的营销。接下来方圆在策划经理的指点下首先对房地产市场细分进行了学习和实践。

知识准备

一、房地产市场细分的含义和作用

微课:房地产市场细分

(一)房地产市场细分的含义

房地产市场细分是指按照消费者在市场需求、购买动机、购买行为和购买能力等方面的差异,运用系统方法将整个市场划分为若干不同的消费群的市场分类过程。其中,每一个消费者群就是一个细分市场,在各个细分市场内部,消费者的需求具有相似性,而在各个细分市场之间,消费者的需求则具有明显的差异性。

(二)房地产市场细分的作用

房地产市场受产品的固定性、资金投入量巨大等因素限制,没有一家开发商会选择整个市场作为目标市场,市场细分对房地产企业有着重要的作用。

(1)有利于房地产企业发现和利用市场营销机会,开拓新市场。

(2)有利于房地产企业集中利用资源,提高经营效益,有效地与竞争对手相抗衡。

(3)有利于房地产企业有针对性地制订和调整营销策略,形成自己的营销特色,提高市场占有率。

(4)有利于房地产企业满足不断变化的消费需要。

二、房地产市场细分的标准

房地产市场细分的基础是消费者需求的差异性,形成消费者需求差异性的主要原因是消费者的社会经济地位、行为特征和心理性格等因素各不相同,这就引出了市场细分的各种标准。通常可以从住宅市场和生产营业用房市场两个方面来确定市场细分标准。详见图 3-4。

(一)住宅市场的细分标准

住宅市场的细分标准可归纳为以下四类。

1. 地理因素

地理因素包括城市状况、区位地段和区位功能。按城市状况可分为大城市和小城市、沿海城市和内地城市;按区位的地段分为繁华区、偏僻区、边远区;按区位的功能分布分为

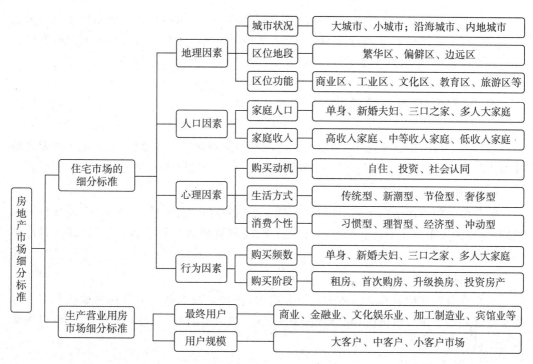

图 3-4 房地产市场细分标准

商业区、工业区、文化区、教育区、行政区、旅游区等。例如,教育区的住宅往往能满足注重子女教育的家庭的需要,商业区的住宅常常是喜爱都市繁华的家庭的理想选择,旅游区的住宅则大多是偏爱自然风光的家庭的首选。

2. 人口因素

由于消费者年龄、家庭人口、经济收入、文化水平等不同,使他们对房地产的产品的面积、房型、质量、档次、环境、风格等均有不同的需求。其细分标准包括家庭人口、家庭经济收入。按家庭人口可分为单身、新婚夫妇、三口之家、多人大家庭;按家庭收入可分为高收入家庭、中等收入家庭、低收入家庭。

3. 心理因素

心理因素包括社会阶层、生活方式、消费个性。以购买动机为例,自住的消费者关注的是住宅的实用价值;以投资为目的的消费者,关注的是物业的保值、增值及获利性。以生活方式为例,可分为传统型、新潮型、节俭型、奢侈型。以消费个性为例,可分为习惯型、理智型、经济型、冲动型。

4. 行为因素

行为因素包括购买频数、购买阶段等变数来细分市场。例如,根据客户购买频数,通常可将消费者分为首次购买者、两次置业者、经常购买者、潜在购买者和非购买者;按购买阶段可以将消费者分为租房、首次购房、升级换房、投资房产。因此,针对不同的消费者应以不同的产品、采取不同的营销手段满足其需求。

(二) 生产营业用房市场细分标准

生产营业用房市场除了可以部分采用住宅的细分标准外,根据生产营业用房的特点,其细分标准主要包括最终用户、用户规模。如按最终用户,可将生产营业用房市场分为商业、金融业、文化娱乐业、加工制造业、宾馆业等细分市场;按用户规模,可将生产营业用房市场分为大客户、中客户和小客户市场。

三、房地产市场细分的原则

房地产市场细分是房地产企业在制订市场营销策略时的重要步骤,它有助于企业更精准地把握市场需求,提高市场竞争力。在房地产市场细分过程中,应遵循以下几个原则。

(一)可测量性原则

细分出来的市场范围明确,且对其容量大小(如年龄、性别、收入、教育等)能作出大致判断,这有助于企业了解细分市场的潜在需求、市场规模和增长潜力,从而制订针对性的营销策略。

(二)可盈利性原则

一个细分市场应该具有足够的规模和潜力,使得企业能够从中获得可观的利润。这要求企业在选择细分市场时,充分考虑市场规模、消费者购买力、竞争状况等因素,以确保所选市场具有盈利性。

(三)可进入性原则

这一原则关注房地产企业进入选定细分市场的难易程度。企业需要考虑自身是否具备进入市场的条件,如资金、技术、人才等方面的实力,以及产品是否能够满足细分市场的消费者需求。

(四)可行性原则

这要求企业能够针对所选的细分市场制订和实施有效的市场营销计划,包括产品策略、价格策略、渠道策略和促销策略等。企业需要充分考虑市场环境、竞争态势和消费者需求等因素,以确保营销策略的可行性和有效性。

四、房地产市场细分的方法

房地产市场细分的方法主要包括以下几个。

(一)单一因素法

单一因素法是根据影响消费需求的单一因素进行市场细分的方法。例如,根据住宅类型,将市场细分为别墅、公寓、普通住宅等;根据地理位置的不同,可以将房地产市场划分为城市中心区、郊区、新兴城市区域等;根据价格的不同,可以划分为高端市场、中端市场和低端市场。

(二)综合因素法

综合因素法是指运用两个或两个以上因素,同时从多个角度进行市场细分。如选择住宅面积、收入水平和消费者年龄三个变量组合来细分市场,可分为三类:①住宅面积在 $120m^2$ 以上、年薪在 15 万元以上、年龄为 40~55 岁;②住宅面积在 100~150m^2、年薪在

10万～15万、年龄为25～40岁;③其他。

(三) 系列因素法

系列因素法也是运用两个或两个以上因素细分市场,但它与综合因素法不同的是,依据一定顺序,由粗到细,逐层展开,每下一步的细分,均在上一步选定的子市场中进行,细分过程,其实也就是比较、选择目标市场的过程。

五、房地产市场细分的程序

房地产市场细分可采用如下的七步细分法,帮助企业更精准地理解市场,并据此制订有效的营销策略。

(一) 选定产品市场范围

企业首先需要确定自己要进入的房地产市场范围。例如,假设某房地产公司决定进入住宅市场,专注于开发和销售住宅项目。

(二) 列举潜在顾客的基本需求

列出潜在顾客对选定市场的基本需求。例如,该企业通过市场调查和访谈,了解到潜在顾客对住宅的基本需求包括价格适中、户型合理、交通便利、周边设施完善、环境安全等。

(三) 分析潜在顾客的不同要求

进一步探究不同潜在用户的特殊需求。例如,年轻家庭可能更注重学区和公园等配套设施,而退休夫妇则可能更看重医疗和休闲设施。

(四) 移去潜在顾客的共同要求,以特殊需求作为细分标准

移去各分市场或各顾客群的共同需求,选择特殊需求作为细分市场的依据。因为共同需求固然很重要,但只能作为设计市场营销组合的参考,不能作为市场细分的基础。例如,在列举的需求中,价格适中、户型合理等是大多数潜在顾客的共同要求,不能作为细分市场的标准。而学区、公园、医疗和休闲设施等特殊需求,则可作为细分市场的依据。

(五) 划分市场,为各子市场暂时取名

基于特殊需求,将市场划分为不同的子市场。例如,基于特殊需求,该公司将市场细分为以下几个子市场。

(1) 学区房市场:针对有学龄儿童的家庭,强调优质教育资源和学区优势。

(2) 公园房市场:注重居住环境,面向追求生活品质的年轻家庭。

(3) 养老房市场:为退休人群提供便利的医疗和休闲设施,满足其特殊需求。

(六) 进一步分析各细分市场特点

对每个子市场进行深入分析,了解各子市场的顾客特点、购买习惯、市场规模等。例如,学区房市场的顾客可能更关注学校的声誉和教学质量,购买决策往往受到孩子教育的影响。

(七) 测量各子市场的规模大小

将每个子市场与人口因素结合,分析各个子市场的潜在顾客数量和购买力,并分析竞争态势及未来发展趋势。例如,通过市场调查发现,学区房住宅市场潜在顾客数量多,在

未来几年内仍有较大的增长潜力,但竞争日趋激烈,企业需不断创新以提升市场竞争力。

能力训练

1. 利用网络搜索工具和相关房地产网站,精心挑选并下载 2~3 份涵盖客户定位的策划报告,分析其目标客户子市场的具体构成,包括其细分标准、子市场命名、描述了哪些特征等。

2. 学生分组讨论,派代表分享小组成果。

任务二 房地产目标市场选择

任务目标

1. 理解在细分市场中选择目标市场。
2. 能基本描述项目目标客户的群像特征。
3. 提升沟通协调能力和团队合作能力。

任务背景

为 N 地块项目的潜在顾客进行市场细分后,接下来要如何选择目标市场,怎么清晰地描述目标市场,方圆继续对目标市场选择进行了学习和实践。

知识准备

一、房地产目标市场的含义

房地产目标市场是指房地产企业在市场细分的基础上,经过评价和筛选后,决定要进入的那部分市场,也就是房地产企业准备用其产品或服务来满足的一组特定消费者。

二、选择目标市场应考虑的因素

在房地产市场中,选择一个合适的目标市场是至关重要的决策。这一选择不仅关系到企业的市场定位,更直接影响着企业的未来发展。因此,必须全面而细致地考虑以下几个关键因素。

(一)市场规模

市场规模的适度性,直接决定了企业在该市场中的发展空间和潜力。现实需求反映了当前市场的真实购买力,而潜在需求则预示着市场的未来增长动力。一个具有适度现实需求和潜在需求的市场,不仅能够为企业带来稳定的销售收益,还能为企业提供持续的发展机会。

(二) 资源条件

企业的人、财、物力和技术资源是支撑市场开发的重要基石。只有当这些资源能够满足开发市场的需要时,企业才能在激烈的市场竞争中立于不败之地。

(三) 竞争优势和风险

了解市场上现有企业的竞争状况,预测未来欲进入企业的动向,以及评估本企业自身的竞争力,都是制订市场策略的重要依据。同时,还要关注市场的风险状况,包括市场风险、政策风险等,以便及时应对和规避潜在风险。

(四) 盈利性因素

购买力保障是实现盈利的关键因素之一。在选择目标市场时,必须确保该市场的购买力与企业开发目标相匹配。只有当市场的购买力足够强大时,企业才能通过销售产品实现盈利目标。

三、房地产项目目标市场选择策略

房地产项目目标市场选择策略是企业根据市场细分的结果,结合自身的资源和能力,选择适合的目标市场进行开发和销售的过程。三种常见的房地产项目目标市场选择策略如图 3-5 所示。

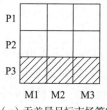
(a) 无差异目标市场策略

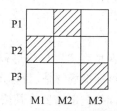
(b) 差异性目标市场策略

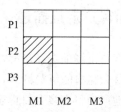
(c) 集中性目标市场策略

图 3-5 房地产项目目标市场选择策略

M—目标市场;P—营销组合

(一) 无差异目标市场策略

把整个市场作为一个大目标开展营销,强调消费者的共同需要,忽视其差异性,即开发商推出一种固定的产品来满足不同类别人群的需求,以不变应万变。这种策略一般适用于大型房地产开发商,拥有大规模开发能力和广泛可靠的分销渠道。例如,许多城市推出的 SOHO 产品,在 $50m^2$ 左右面积的户型中,可以满足几种类型用户的需求,有年轻的白领,他们单身或刚刚进入二人世界,有小型公司将其用作办公场所,有投资者购买后用于出租收益。

优点:简化了市场营销过程,降低了营销成本,因为开发商可以将整个市场视为一个整体,进行统一的宣传和推广。

缺点:可能忽略了不同消费者群体的特定需求,导致产品与市场需求的不完全匹配。

(二) 差异性目标市场策略

有选择进入若干细分市场,以不同的产品满足不同人群的需求,这是目前房地产项目最为常见的目标市场选择模式,适用于具有多种产品线和多样化市场需求的房地产开发商。例如,一些大型中高档住宅开发项目,小区内有满足高收入家庭需要的中央别墅,有满足中高收入家庭需要的公寓,公寓设计有二室、三室、四室的不同户型,满足不同家庭人口的需要。

优点:能够更好地满足不同消费者群体的需求,提高市场占有率和客户满意度。通过细分市场并制订针对性的营销策略,开发商能够更有效地利用资源,提高市场竞争力。

缺点:可能增加营销成本和复杂性,因为需要为每个细分市场制订独立的营销计划。

(三)集中性目标市场策略

集中性目标市场策略是指房地产开发商选择一类目标人群集中营销。这类目标市场强调目标人群的单一、专业性,结合这类人的特点量身定做产品,适用于中小型房地产开发商或资源有限的开发商。例如,各地推出的"老年公寓""单身公寓""大学生公寓"等,这些产品针对特定的人群,特色鲜明,定向展开市场推广。

优点:有助于开发商在特定细分市场中建立专业形象和品牌认知,提高市场份额和利润率。通过集中资源于少数关键市场,开发商能够更有效地应对竞争和满足消费者需求。

缺点:风险较高,因为开发商将大部分资源投入到少数市场中。如果市场发生变化或竞争对手进入该市场,开发商可能会面临较大的损失。此外,过于专注于特定市场可能导致开发商错失其他潜在的市场机会。

四、目标客户定位描述

目标客户市场的选择过程,其实就是客户定位的过程。通过细分市场可以识别出可能将其作为目标客户的消费群体,经过目标市场评估、目标市场选择,即可确定目标客户群。

当房地产项目有多个目标客户群时,一般需要将其按重要性分类。例如,可分为核心客户群、重点客户群、游离客户群、偶然客户群;前期基础客户群、前期重点争取客群、后期重点争取客群、后期引导客群;百分比表示等。然后通过对目标客户群进行描述,可以构建一个清晰、具体的客户画像,一般可以从下面五个方面分层次全方位地描述目标客户群。

(一)目标客层的总体描述

目标客层的总体描述主要描述目标客户所处的地理位置或区域。例如,目标客户可能主要集中在城市的核心区域、新兴城区或者郊区。还可以涉及他们所处的城市等级,如一线城市、二线城市等。此外,还可能描述他们所在的特定社区或区域的特点,比如社区文化氛围、安全性等。

(二)目标客层的特征描述

目标客层的特征描述可以从年龄、收入、职业、教育、家庭、生活方式等方面进行目标客层的特征描述。例如,描述目标客户的大致年龄段,如25～35岁的年轻人、40～55岁的中年人等;描述目标客户的收入水平,如中高收入阶层、高收入阶层等;描述目标客户的主要职业类型,如企业高管、白领、自由职业者等;描述目标客户的受教育程度,如本科、硕士及以上学历等;描述目标客户家庭的结构,如单身、三口之家、多代同堂等;描述目标客户的生活方式,如注重健康、追求品质生活、热爱旅行等。

(三)目标客层的购买用途描述

目标客层的购买用途描述主要从首次置业、改善居住、投资三个方面分析。

例如,首次置业客户更关注价格、性价比和基本的居住功能;改善居住客户希望升级现有住房条件,更看重房屋的品质、设计、环境等因素;投资客户将购房作为投资手段,更关注房产的增值潜力、租金回报等。

(四)目标客层的产品需求描述

目标客层的产品需求描述可以从户型、面积、建筑风格、环境、交通、商业等方面描述目标客户的产品需求。例如,描述目标客户偏好的户型结构,如两室一厅、三室两厅等;描述目标客户期望的住房面积范围;描述目标客户喜欢的建筑风格,如现代简约、欧式古典等;描述目标客户对居住环境的期望,如绿化良好、空气清新等;描述目标客户对交通便利性的要求,如靠近地铁站、公交站等;描述目标客户对周边商业设施的需求,如超市、餐厅、购物中心等。

(五)目标客层的价格承受能力描述

目标客层的价格承受能力描述主要描述目标客户能够接受的每平方米房产的价格范围和能够承受的整套房产的总价范围。

案例 3-1

Z 项目的客户定位

Z 项目位于江苏省常州市武进区,策划项目组将前期调研的资料进行多轮分析研究,并依据细分标准对常州住宅市场进行了深入的细分,依托项目的自身优势特点,最终顺利完成了紫廷名苑项目目标客户的锁定和产品定位任务。在掌握了房地产项目定位知识基础上,准确地把握客源定位将会在今后销售工作中提高客源积累的效率,为项目的顺利销售奠定基础,下面是紫廷名苑项目的客户定位描述。

一、客源区域

经调查分析获知,紫廷名苑目标客户的主要范围是武进区湖塘镇、市中心周边乡镇的原住居民,以及区域内的外来务工人员,具体如下。

(1)长期在本区域内(武进区湖塘镇)居住的原住户居民,具有较高的经济实力,并有进一步提高居住品质要求的客户群体。

(2)本区域内处于婚嫁年龄段,家庭经济条件较好,欲购置新婚房的客户群体。

(3)在区域内拥有中高收入工作的客户群体,主要包括周边工厂的职工,以及在临近区域工作的中高层白领等。

(4)区域内工作的政府公务员、教师等。

(5)区域内一些购房能力偏低的群体。

(6)周边郊区(如牛塘、礼嘉、南夏墅、遥观、庙桥等乡镇)想提高居住品质的客户群或拆迁户。

(7)外地来常发展的年轻人,在市区工作,个人经济收入较好,处于婚嫁年龄段的群体。

(8) 考虑学区、地段、价格，认可本区域具有升值潜力的长线投资者。

二、客源特征

产品要求：高品质的社区、漂亮的立面和生态环境景观。

房型需求：紧凑型房型、较低的总价。

年龄特性：比较年轻，70%以上集中在25~40岁的中青年群体，易于接受新事物。

市场条件：独立意识较强，渴望有自己的自由生活。

交通条件：要求（未来）交通便捷，绝大部分家庭拥有1辆以上私家车。

三、购买用途

常州房地产市场研究表明，自住在购买用途中占主要比例。但本案地处公园板块，总价不高，且在常州市城区拓展战略和公交优先战略的双重作用下，该房产具有一定的投资升值潜力，因此综合分析本案自住需求约占80%，投资需求约占20%。

四、购买动机

（1）理想工作生活动线范围。

（2）希望花较低的成本买到合适的房子。

（3）改善个人现有居住条件。

（4）彰显个人品位和生活态度。

（5）关注武进区东部开发，看好楼市发展。

能力训练

1. 以小组为单位分组进行，选择适当的细分标准，对样本楼盘目标客户群进行细分。
2. 在模块一客户调研分析的基础上，选择目标客群，对细分客户群进行命名，并对选择的目标客群做分层次、全方位的描述。

任务三　房地产市场定位

任务目标

1. 了解房地产市场定位的概念和内容。
2. 熟悉房地产市场定位的步骤和策略。
3. 能进行房地产项目产品定位。
4. 能进行房地产项目形象定位。
5. 提升沟通协调能力和团队合作能力。

任务背景

通过目标客户群市场选择，方圆明确了N地块项目的客户定位，接下来如何结合目标客户的需求进行项目的产品定位、形象定位呢？接下来方圆详细学习了房地产市场定位，并在此基础上进行了房地产项目产品定位和形象定位的学习和实践。

> 知识准备

一、房地产市场定位的概念和内容

（一）房地产市场定位的概念

广义的市场定位是指通过为自己的企业、产品、服务等创立鲜明的特色或个性，塑造出独特的市场形象，从而确定本企业的市场位置。狭义的市场定位即产品定位，是对产品所施行的市场定位行为，是根据企业现有产品在市场上所处的位置，塑造本企业产品与众不同、有鲜明个性或特色的形象，以适合目标顾客的需要或偏好。

（二）房地产市场定位的内容

房地产市场定位的内容是一个综合性的过程，涉及客户、产品和形象三个关键方面。下面将从三个方面进行详细分析。

1. 客户定位

客户定位也就是上一节所讲的目标市场选择，即在市场分析和市场细分的基础上选择一个或多个目标市场，确定项目的目标客户群体，并据此制订针对性的营销策略。选择目标市场时需要考虑目标市场的容量，使其能够保证项目获得足够的经济效益。

2. 产品定位

产品定位需要根据目标客户的需求和市场竞争情况，确定项目的产品主题、功能类型、档次、户型配比、装修标准、配套设施等。产品定位需要体现项目的差异化和竞争优势，以吸引目标客户并提升项目价值。同时，还需要关注产品的创新性和可持续性，以满足未来市场的需求。

3. 形象定位

形象定位是塑造项目品牌形象的关键，需要通过精心设计的项目名称、标志、宣传语等，展现项目的独特魅力和价值。同时，还需要关注项目的视觉形象、环境氛围和服务体验，以营造高品质的生活场景。形象定位需要与目标客户群体的心理需求和审美偏好相契合，以提升项目的市场认可度和品牌价值。

二、房地产市场定位的步骤和策略

（一）明确房地产市场定位的步骤

市场定位的实质就是企业取得在目标市场上竞争优势的过程。竞争优势是房地产企业市场定位的基础。房地产市场定位的步骤如下。

1. 寻找企业潜在的竞争优势

房地产企业竞争优势一般有价格竞争优势和偏好竞争优势两种类型。房地产企业在寻找竞争优势时要明确三个问题：一是竞争对手的市场定位如何；二是客户确实需要什么；三是针对竞争者的市场定位和顾客的真正需要，企业做什么。房地产企业通过对上述三个问题的研究，就可以确定自己潜在的竞争优势在何处。

2. 选择企业的相对竞争优势

相对竞争优势必须能吸引更多的顾客，必须是竞争者没有的，且竞争者通过努力也难以达到的，还必须与房地产企业的目标一致。通常可以从经营管理、技术开发、营销能力、资本财务、产品属性等方面进行分析和比较，准确地评价和选择出最适合本企业的优势项目。

3. 显示企业独特的竞争优势

企业在选定用于产品定位的竞争优势后，还必须通过相应的沟通手段向客户显示自己的竞争优势。例如，一家采用"优质、高档"定位的房地产企业，必须为此推出优质产品、制订较高售价、通过高档次的中间商分销、精美的广告，才能树立持久而令人信服的优质形象。

在显示企业竞争优势时，要避免犯三种错误：一是定位过低。这样做容易使客户把企业理解为一般企业，失去应有的特色。二是定位过高。这样做会使顾客过高地估量企业，对产品有较高的期望值，一旦接触到本企业的产品，可能会对企业及其定位产生怀疑。三是定位混乱。这样会使企业的形象在顾客心目中混乱不清，无法形成共识，也不利于企业独特竞争优势的显示。

(二) 制订房地产企业市场定位的策略

1. 根据产品特色定位

以房地产产品特色进行定位，如某办公用房强调所处的区域优势和优良的物业管理，住宅小区则突出结构合理、设施配套、功能齐全、环境优雅。

2. 根据利益定位

利益定位，即根据房地产能给消费者带来的利益进行定位。这种定位方法注重强调消费者的利益。如有的房地产产品定位侧重于"经济实惠""价廉物美"，有的侧重于"增值快速""坐拥厚利"，而有的强调"名流气派""高档享受"。

3. 根据使用者定位

不同的消费者，其性别、年龄、职业、收入、社会阶层、生活方式都不相同，其购买行为也存在着明显的差异。因此，房地产企业可以根据销售对象进行定位。例如，企业可以专门为高收入消费者开发高档住宅；把普通住宅定位于"工薪阶层理想的选择"。

4. 根据竞争需要定位

如果企业所选择的目标市场已有强劲有力的竞争对手，则可以根据竞争需要进行定位，一般有两种策略。

(1) 与现有竞争者并存。生产与竞争者相同或相似的产品，与之竞争同一目标市场，从实践看一些实力不太雄厚的中小房地产企业大多选用此策略。采用这种策略必须具备两个条件：其一，目标市场区域内有一定量还未得到满足的需求；其二，定位符合企业的声誉和能力。

(2) 逐步取代现有竞争者。将竞争者赶出原有位置并取而代之，占有它们的市场份额，这种策略主要为实力雄厚的房地产大企业所选用。采用这种策略必须具备两个条件：其一，新开发的产品必须明显优于现在产品；其二，企业必须做大量的宣传推销工作，以冲淡对原有产品的印象和好感。

5. 重新定位

房地产企业的市场定位不是一劳永逸的。当企业外部环境和自身条件发生变化时，需要重新定位。例如，当竞争者将市场定位于本企业附近，侵占了本企业产品的市场，使本企业产品市场占有率下降或消费者的偏好发生了转移，则本企业需要重新定位。重新定位时，企业要考虑重新定位的费用和收入，只有在收入大于费用的前提下重新定位才是可行的。

事实上，许多房地产企业进行市场定位的策略往往并不只是一个，而是多个结合使用，因为作为市场定位所体现的企业及其产品的形象必须是一个多维的、丰富的立体。

三、房地产产品定位

（一）房地产产品整体概念

房地产产品整体概念是指凡是能满足消费者某种需求或欲望的任何有形建筑物、土地和各种无形服务均为房地产产品。这里有形的物质形态主要指土地和建筑物及其附属设施；无形的非物质形态主要指房地产的权益、楼盘形象、对开发商品牌的信任等。具体来说，房地产产品整体概念可以分为核心产品、形式产品和延伸产品三个层次，如图3-6所示。

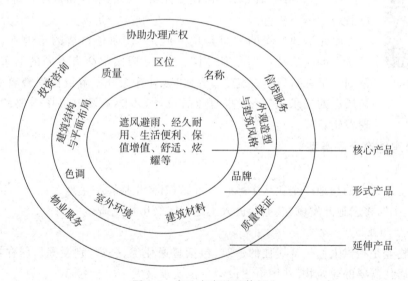

图3-6 房地产产品整体概念

1. 核心产品

核心产品是房地产整体产品概念中最基本的层次，是指能满足消费者最基本的使用功能和基本利益；消费者购买房地产产品，并不是仅仅为了占有或获得产品本身，而是为了获得能满足某种需要的效用或利益，如遮风避雨、经久耐用、生活便利、保值增值、舒适、炫耀等。任何一个房地产产品都要能够满足核心产品的使用功能和基本利益，否则开发出来就会无人问津。例如，曾被称为鬼城的鄂尔多斯，因房地产泡沫的破裂，房地产产品失去了保值增值的核心功能,即使大降价也无人问津。

2. 形式产品

形式产品又称有形产品,是房地产产品需求的物质表现形式,是消费者可直接观察和感觉到的内容;如房地产的区位、质量、外观造型与建筑风格、建筑材料、色调、名称、品牌、建筑结构与平面布局、室外环境等。形式产品的设计要能满足目标消费者的需求,为此,开发商们也在不断创新自己的产品设计,满足不同顾客对形式产品的需求。

3. 延伸产品

延伸产品又称附加产品,是指购买有形产品时所获得的各种服务或利益。如投资咨询、协助办理产权、信贷服务、质量保证、物业服务等。为了体现服务增值,越来越多的开发商在延伸产品上下功夫。例如,万科的三好服务:"好房子、好服务、好社区",以优质客户体验为原则,追求产品质量和服务感受的全面升级。"三好住宅"体系的构建,完善了住宅"质量"的定义,向高品质人居进化。新城:幸福360°客户服务体系,基于客户视角,开发优质产品,提供多元化创新服务,为客户创造长远价值。

房地产产品的三个层次并不能单独存在,三个层次产品之间关系如下。

(1) 核心产品是基础、是本质。

(2) 核心产品必须转变为形式产品才能得以实现。

微课:房地产产品整体概念

(3) 在提供产品的同时,还要提供广泛的服务和附加利益,形成附加产品。

因此房地产卖的不只是单一的产品,而是整体的房地产产品。消费者在购买房地产商品时,对三个产品层次都会有不同的需求,房地产策划人员在进行产品定位、策划时,只有充分了解目标消费者对不同产品层次的需求,进行整体的产品设计,才能开发出市场需要的产品,实现营销目标。

(二) 房地产产品类型

1. 土地

从事土地开发的房地产企业从土地一级市场获得"生地"或"毛地",经过"三通一平"或"七通一平",将土地开发成"熟地",进入土地的二级市场流通。

2. 居住物业

居住物业是指供人们生活居住的建筑,包括普通住宅、公寓、别墅等。居住物业作为满足人类居住需要的建筑物,在城市建设中所占比重最大。

3. 写字楼

写字楼是一种供机关、企事业单位等办理行政事务和从事业务活动的建筑物,又称办公大楼。写字楼一般由办公用房、公共用房、服务用房三部分组成。写字楼从结构看可分为商住两用写字楼和纯商业性的写字楼两种类型。

4. 商业物业

商业物业是进行商品交换和流通的建筑物和场所,包括专卖商店、商场、百货商店、批发商店、商品交易中心、超级市场、地下商业街、购物中心等。

5. 工业物业

工业物业是为工业生产提供活动空间的物业,包括厂房、仓库、堆场等。

6. 旅馆、酒店

旅馆、酒店是为旅客提供住宿、饮食服务以及娱乐活动的公共建筑。这类公共建筑可分为旅游旅馆、酒店,会议旅馆、酒店,汽车旅馆和招待所等。

7. 高层建筑综合体物业

高层建筑综合体物业又称"建筑综合体",是由多个功能不同的空间组合而成的建筑。

8. 特殊物业

特殊物业主要有娱乐中心、赛马场、高尔夫球场、汽车加油站、停车场、飞机场、车站、码头等物业。

在现代市场经济条件下,每一个房地产企业都应致力于产品结构优化,及时开发新产品,满足市场新需要,提高企业竞争力,取得良好的经济效益。

(三) 房地产产品组合

1. 房地产产品组合的含义

房地产产品组合是指一个企业生成和销售的全部产品的结构。房地产企业根据市场需求和自身资源,将不同类型、特点的房地产产品进行有机组合,形成具有竞争力的产品项目和产品线,以满足消费者多样化需求。

产品线是指密切相关的一组产品项目。它们有类似的功能,只是在档次、户型、设计方面有所差别,如住宅、标准厂房、办公楼、商场等都可形成一条产品线。产品项目是指产品线中各种不同品种、规格、质量和价格的特定房地产产品。每条产品线内又包含若干产品项目。

2. 房地产产品组合的四个变数

房地产产品组合涉及四个变数,即宽度、长度、深度和一致性。

1) 宽度

房地产产品组合宽度又称广度,是指开发商产品线或者房地产产品类型的总数。广度越广,意味着产品线越多,涵盖的住宅、商业、办公等类型越丰富。例如,某知名开发商不仅涉足住宅、商业、办公等多个领域,还针对不同客户群体推出了多种产品线,如高端别墅、经济型公寓、城市综合体等。这种广泛的产品组合使得该开发商能够满足不同消费者的需求,提升市场占有率。

2) 长度

长度是指在某一特定产品线下,开发商所提供的具体产品种类的数量。例如,该开发商的住宅产品线不仅提供了多种户型选择,还针对不同购买力和生活需求的客户群体推出了不同的产品系列,如刚需房、改善房、豪宅等。

3) 深度

深度是指每种产品所提供的款式、建筑风格的多少,涉及产品的差异化设计和创新。通过增加产品深度,企业可以打造出更具特色和市场竞争力的产品。例如,在住宅设计上,企业可以采用不同的建筑风格,如现代简约、欧式古典、中式园林等,以满足不同消费者的审美需求;在产品功能上进行创新,如引入智能家居、绿色节能等先进技术,提升产的附加值和吸引力。

4) 一致性

一致性又称黏度,是指各产品之间在最终用途、开发建设条件、销售渠道或其他方面的相互关联程度。高黏度的产品组合可以实现资源共享和优势互补,降低企业成本,提高运营效率。例如,在住宅和商业的混合开发中,企业可以将住宅和商业设施进行有机结合,形成集居住、购物、休闲为一体的综合性社区,提升项目的整体价值和市场竞争力。

(四) 房地产项目产品定位的内容

1. 房地产项目主题定位

房地产项目开发主题定位是指开发商对拟建房地产项目提出的一种概念和意图,一种贯穿于整个项目的精神和思想,是一种可以让人们切实感知到的生活方式和居住理念,体现了项目开发的总体指导思想。房地产项目可以结合文化内涵、科技创新、自然环境、顾客需求、营造新观念等方面挖掘主题,形成项目的独特形象。根据主题不同,可以把住宅项目分为健康住宅、创新住宅、生态住宅、家园住宅、花园住宅、智能住宅、体育住宅、文化住宅、历史住宅等。主题定位可以为房地产项目带来它所倡导的生活态度,形成特有的房地产项目形象。在实际策划中,主题概念多通过项目案名、定位语或广告语表现出来。

房地产项目主题概念,除了具有足够的内涵深度、外延广度和境界高度外,还要有强有力的、可靠的支撑。因此,构建一个完善的支持体系,对于实现这一主题概念至关重要。这一体系主要围绕区位、生活方式、社区服务和购买方式四大核心要素展开,同时,价位、建筑风格、社区格局形态、景观设计、环境绿化、物业管理以及市政设施等要素也共同构成项目主题概念的有力支撑。

2. 房地产项目功能类型定位

房地产项目产品类型丰富多样,涵盖住宅、商业、写字楼、酒店等多个领域。开发商在获取土地之前,首要任务是明确拟开发的房地产项目类型。一旦获得土地,则需根据地块的开发类型要求,进一步细化产品类型。以住宅用地为例,其可依据层数细化为低层、多层、中高层和高层住宅;若按产品性质分类,则可分为普通住宅、公寓和别墅等多种类型。

房地产项目产品的功能主要包括以下几个方面:①基本功能,满足人们的居住、办公、商业经营等需求,提供安全、舒适、便利的居住环境或工作环境;②投资盈利功能,房地产项目产品作为一种资产,具有投资价值,可以通过出租、出售等方式获得经济回报;③融通资金功能,房地产项目产品可以作为抵押物,用于获取贷款或其他形式的融资,为企业的运营和发展提供资金支持;④社会保障功能,在特定情况下,房地产项目产品还可以作为社会保障的一种手段,如提供租赁住房给低收入家庭等。

3. 房地产项目档次定位

房地产项目档次定位主要是根据目标客户的需求、项目的地理位置、配套设施以及设计特点等因素来确定的,主要与房地产项目销售价格和销售对象有关。一般来说,房地产项目的档次定位可以分为以下几个层次。

1) 高端豪华档

这类项目通常位于城市的核心区域或优质地段,拥有极佳的地理位置、完善的配套设施和高端的设计。目标客户群主要是高收入家庭或追求高品质生活的人群。项目可能强调其独特的建筑风格、豪华的内部装修以及高端的社区设施,如游泳池、健身房、私人会所等。

2) 中高端舒适档

这类项目通常也位于城市的较好地段,拥有良好的地理位置和相对完善的配套设施。目标客户群为中高收入家庭,追求舒适和品质的生活。项目设计注重实用性和舒适性,可能提供一些基本的社区设施,如儿童游乐区、绿化景观等。

3) 中档实用档

这类项目通常位于城市的普通区域,如近郊或成熟居民区。项目具备基本的地理位置和一般的配套设施,设计更注重实用性和性价比。目标客户群为中等收入家庭,追求满足基本居住需求的生活。

4) 经济适用档

这类项目通常位于城市较远的区域,如远郊或新开发区。项目拥有基本的地理位置和有限的配套设施,设计以实用为主。目标客户群为低收入家庭或刚需购房者,追求经济实惠的居住解决方案。

4. 房地产项目经营方式定位

房地产开发经营方式除出售和出租方式选择外,从合作开发的角度,可以划分为以下三种方式。

(1) 自主开发经营:开发商独立承担项目的全部开发任务,从土地获取、规划设计、建设施工到销售管理等各个环节都由开发商自行负责。

(2) 合作开发经营:开发商与其他机构或个人合作,共同承担项目的开发任务,共享风险和收益。这种方式可以分散风险,降低资金压力,同时借助合作伙伴的专业能力和资源,提高项目的开发效率和质量。

(3) 委托开发经营:开发商将项目的全部或部分开发任务委托给专业的房地产开发公司或机构进行,开发商则负责提供土地和资金等要素,并享有项目的最终收益权。这种方式可以充分利用专业机构的技术和管理优势,提高项目的开发水平和市场竞争力。

四、房地产项目形象定位

(一) 房地产项目形象定位的含义

房地产项目形象定位是指在房地产项目开发过程中,为项目塑造一个独特、鲜明且易于识别的市场形象,从而吸引目标客户群体,提升项目的市场竞争力。这一定位过程涉及对项目的整体理解、目标客户群体的分析、市场趋势的把握以及项目特色的提炼等多个方面。

形象定位语是形象定位的具体表现,是开发商针对项目特点精心提炼出的简短、有力的宣传语。它要求简洁明了、易于记忆,一般用一句话能够迅速传达项目的核心价值与特色。一个好的形象定位语不仅能够概括项目的核心卖点,还能引起潜在客户的共鸣,激发他们的购买欲望。例如,"一辈子总要有个院子""献给荣耀这座城市的人""清华北·圆明园东·褐石"这样的定位语,就很好地传达了项目提供的舒适、宁静的居住环境,让人心生向往。

(二) 房地产项目形象定位的原则

房地产项目形象定位的原则主要包括以下五点。

1. 与市场需求相符合

不同的客户群体有不同的需求和偏好,因此,项目形象定位必须紧密结合目标客户的特征,满足他们的期望。例如,针对年轻家庭,可以强调项目的教育资源和社区氛围;针对高端客户,可以突出项目的奢华品质和尊贵服务。

2. 与项目内在品质相匹配

项目的形象定位应真实反映其内在品质和特色,如建筑风格、材料选用、配套设施等。一个高档次的项目定位应有高品质的设计和建筑材料,确保项目的品质感与定位相一致。

3. 易于展示和传播

项目形象定位应具备高度的识别度和传播性,能够通过各种渠道有效地传达给潜在客户。开发商应利用广告、宣传册、社交媒体等多种方式,将项目形象定位深入人心。

4. 考虑周边资源条件

项目形象定位应充分考虑周边资源条件,如地理位置、自然景观、人文环境等。利用周边资源,提升项目形象,增加项目的附加值和吸引力。

5. 突出独特性

在竞争激烈的房地产市场中,项目的形象定位应突出其独特性,与其他楼盘形成明显的区别。通过深入挖掘项目的特色,如独特的建筑风格、优越的地理位置、丰富的配套设施、先进的科技环保理念等,塑造出项目的独特形象。

(三) 房地产项目形象定位的方式

房地产项目形象定位是项目成功的关键因素之一,在进行项目形象定位时,开发商要进行充分的市场调研和分析,以确保定位的准确性和有效性。下面介绍五种常见的房地产项目形象定位方式。

1. 主题定位法

主题定位法是指根据项目的特色或亮点,确定一个或多个主题,并通过宣传和推广将这些主题传递给目标客户。例如,某海滨城市的房地产项目以"海滨度假生活"为主题,强调项目的海景资源、休闲设施和舒适的居住环境,吸引追求度假式生活的客户群体。

2. 文化定位法

文化定位法是指通过挖掘项目的文化内涵,将项目与某种文化或历史背景相关联,以提升项目的文化价值和吸引力。例如,某古镇的房地产项目以"古镇情怀"为定位,结合古镇的历史文化和建筑风格,打造具有传统韵味的住宅项目,吸引对传统文化有兴趣的客户群体。

3. 客户定位法

客户定位法是根据目标客户的需求和偏好,确定项目的形象定位。例如,某高端住宅项目针对高端客户群体,以"尊贵、奢华"为定位,注重项目的品质、设计和服务,提供个性化的居住体验,满足高端客户对品质生活的追求。

4. 创新定位法

创新定位法是指通过引入新的设计理念、技术或模式,为项目赋予独特的形象。例如,某智能住宅项目以"智能家居生活"为定位,采用先进的智能家居技术,提供便捷的居住体验,吸引对科技生活感兴趣的客户群体。

5. 环境定位法

环境定位法强调项目所处的自然环境或人文环境,将其作为项目形象的重要支撑。例如,某山水别墅项目以"山水宜居"为定位,突出项目周边优美的山水景观和宁静的居住环境,吸引追求自然生态生活的客户群体。

(四)房地产项目整体形象设计 CIS

1. 房地产项目整体形象设计的含义

房地产项目整体形象设计是指通过系统规划,将项目的核心价值、特色与市场需求相结合,运用视觉、行为及理念等多维手段,塑造出独特且易于识别的品牌形象。其目的在于提升项目的市场吸引力与竞争力,促进销售,实现品牌价值最大化。对房地产项目进行整体形象设计,可以结合企业形象识别系统 CIS 来完成。

企业形象识别系统(corporate identity system)是一种将企业的经营理念、文化精神、品牌形象等通过统一的视觉识别、行为规范和理念传达来塑造企业独特形象的系统工程。在房地产项目中,CIS 的应用旨在通过精心地设计和管理,将项目的核心价值、市场定位以及品牌形象传递给目标客户,从而建立起项目的独特性和识别度。CIS 一般分为三个方面,即企业的理念识别系统(mind identity system,MIS)、行为识别系统(behavior identity system,BIS)和视觉识别系统(visual identity system,VIS)。

2. 房地产项目整体形象设计的内容

对房地产项目进行 CIS 设计,主要从 MIS、BIS、VIS 三个方面进行,主要内容如图 3-7 所示。

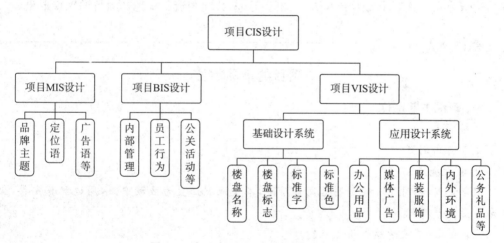

图 3-7 房地产项目 CIS 设计的主要内容

1) 企业理念识别系统(MIS)

MIS 是 CIS 的核心,它代表了企业的精神和文化价值观,是指导企业行为和形象设计的根本原则。在房地产项目中,MIS 主要体现在项目的定位、开发理念、价值观等方面。一个成功的房地产项目,其 MIS 必须与目标客户的需求和市场的趋势紧密相连,通过独特的开发理念和价值观,塑造出项目的品牌形象。例如,一个注重环保和可持续发展的房地产项目,其 MIS 可能强调绿色生态、低碳环保等理念,并在项目的规划、设计、施工等各个环节中贯彻这些理念,从而塑造出项目的独特品牌形象。

2) 企业行为识别系统(BIS)

BIS 是 CIS 的行为表现,它涉及企业的内部管理、员工行为、公共关系等方面。在房地产项目中,BIS 的体现尤为关键。项目的销售团队、物业服务团队等都需要遵循统一的行为规范,以专业的态度和优质的服务为客户提供满意的购房体验。此外,项目还需要积极参与社区建设、公益活动等,以良好的企业形象赢得公众的认可和信赖。通过 BIS 的设计和实施,房地产项目能够建立起与客户的良好关系,提升项目的口碑和影响力。

3) 企业视觉识别系统(VIS)

VIS 是 CIS 的静态表现,是企业理念的符号化、视觉化表现,将企业的形象直观地传达给公众,包括组织名称、标志、标准字、标准色、象征物等。在房地产项目中,VIS 的设计至关重要。项目的标志应简洁明了、易于识别,能够准确地传达项目的核心理念和特色。色彩和字体的选择也应与项目的定位和目标市场相契合,营造出一种统一而和谐的视觉效果。此外,项目的宣传资料、广告、户外广告牌等也应采用统一的视觉识别系统,以确保项目的形象在市场上形成强烈的品牌印象。通过 VIS 的设计和实施,房地产项目能够在潜在客户心中建立起独特的品牌形象,提升项目的知名度和美誉度。

在房地产项目整体形象设计 CIS 的过程中,MIS、BIS、VIS 三个要素相互关联、相互支撑,共同构成了项目的独特品牌形象。MIS 作为核心理念,为 BIS 和 VIS 提供了指导和方向;BIS 作为动态表现,将 MIS 的理念贯穿项目的各个环节中,并通过员工行为和公共关系活动来展示项目的品牌形象;VIS 作为静态表现,通过视觉元素将项目的品牌形象直观地传达给公众。这三个要素相互协调、相互促进,共同塑造了房地产项目的独特形象。

案例 3-2

Z 项目的产品定位

一、产品主题定位

1. 主题

城市自由别墅。

2. 两大亮点

(1) 城市:相对于一般别墅远离都市圈,本案地理位置为区域中心,周边配套完善,坐享城市最优质资源。

(2) 自由:本案最核心价值点。

"自由交通"——常武路、广电路、长虹路等路网便捷,自由穿梭城市各地。

"自由环境"——与繁华相邻,却更静谧。提倡原味的建筑和景观,闹市与自然随意切换。

"自由空间"——别墅产品附赠地下空间,自由利用。

本案周边项目基本都以生态自然、生活化以及产品特色为主推方向,虽然周边楼盘资源比较相近,但本案拥有优势的区位概念,且设计最适合年轻人居住的紧凑房型,因此将景观概念与年轻时尚的生活概念相结合,确定为本案的主题定位。城市自由别墅,以消费者为导向发出直击心灵的召唤,话语简短易记,内涵丰富,激起共鸣!

二、产品定位支撑

（1）环境：现代人追求更广阔的生活空间，更优美的景观，更清新的空气环境，更多的阳光生活，更大的绿化空间，外部天然氧吧星湖公园近在咫尺，内部花园式小区伴有优雅的组团景观，真正的双公园满足业主现代人居环境要求。

（2）健康：现代人注重健康的生活，良好的通风采光户型、丰富的运动休闲活动空间和健身娱乐设施是住户健康生活的保障。

（3）时尚：时尚是时代的音符，是青春活力展示，从居住理念、建筑风格、景观设计等方面充分运用时尚元素提升楼盘品质。

（4）交通：现代人高效的工作方式，决定了人们不喜欢把时间和金钱浪费在上班的路上。便捷的公交、通畅的道路、离市区合理的车程，完全符合业主工作的需求。

（5）性价比：理想化的东西总是让人付出很大的代价来获得，而紫廷名苑理念是付普通房价，住景观洋房，物有所值、物超所值，让购房人感到意外的惊喜。

三、产品建议

1. 案名：紫廷名苑

命名理由如下。

（1）顾名思义，紫廷名苑首先突显了项目自由时尚的特色。楼盘是居家生活的载体，选择了楼盘便拥有了楼盘周边的环境，也就意味着选择了一种生活方式，以公园命名传递了楼盘自然、和谐、舒适、健康的环境和人居理念，满足了目标客源对现代美好生活的需求。并且与"城市自由别墅"项目主题定位保持一致，既能起到画龙点睛的作用，又可以达到反复强化的效果。

（2）"紫廷"赋予项目时尚浪漫的颜色，让本案在周边众多楼盘中脱颖而出，胜人一筹；"名苑"寓意着项目的设计与建造质量、楼盘形象品质的一流水准，提升了项目的知名度和美誉度，也尽显了购房人对至臻人生的不懈追求；"名苑"以传统的高档居所命名，给人以家的温馨和尊贵感。

（3）"紫廷名苑"命名简约、通俗，朗朗上口，好念、好听、好记。正可谓简约而不失品位，通俗却不落俗套，让人耳目一新。这样的案名会强化客户的第一印象，铭记于心，且在整个看房、选房，甚至最后签约过程中，都会起到一种潜移默化的导向作用的影响力，便于项目的营销推广和传播。

2. 规划布局

小区地块方正，采用环形路网结构，沿主路外侧周边错落有致地布置了12栋建筑，形成了东南西北四个方位组团，沿主路内侧布置4栋建筑构成正圆形的中心景观组团，五大组团实现了围合与通透的有机相融，呈现出华夏文明"天圆地方"的审美取向，用科学艺术的手法打造以人为本的生活空间。

建议在保证容积率的基础上，最大化地扩大绿化面积。小区内部以中心水景为景观核心，运用组团绿化的概念，强调景观共享的设计理念，结合规划结构框架，采用与之相得益彰的几何形态的景观设计手法，既要形成整体对称形态的强烈视觉冲击，又应强调细节设计上的丰富变化；既布置大气的圆形中心绿化，又有小桥流水般中式园林的古朴细致，从而使整个社区也形成一个如同公园般的景观格局。

小区采用人车分流的道路设计，在考虑整体概念性规划的同时，应突出运动休闲场所设施和商业配套，既要考虑社区本身的生活机能随开发进程逐步成熟，又要避免开发过程中无特色的重复配套建设，以提高产品竞争力和塑造目标客层的认同感。

3. 建筑

鉴于前述的产品定位，综合分析常州目前住宅市场发展的趋势和国家房地产政策，建议本案采用高层建筑设计形态。建筑风格需体现现代时尚，色彩明快、构图丰富、略显张扬的风格符合目标客层的喜好。单体应采用大开间、短进深的全明设计，270度步入式景观飘窗的设计既可增加空间利用率，收景纳光，开阔人生视野，同时弧线设计能改变建筑外立面的单调与死板，与中心景观弯曲的水域和谐共生。

4. 户型配比

根据市场需求调查和客层分析，本案主力面积定位在 $90m^2$ 以内的两室两厅，并搭配 $90\sim120m^2$ 的三房及少量四房，户型配比分析如表3-1所示。既满足目标客层的居住需求，又成功避免了产品的单一性。应遵循实用性原则，设计较为新颖且实用的房型，并提高得房率。

表3-1　Z项目一期户型配比分析表

户型类型	面积/m^2	配比/%
三房两厅三卫	200～249	17
四房四厅三卫	250～299	54
五房四厅三卫	300以上	29
两房两厅一卫	82～95	60.40
三房两厅双卫	115	19.80
三房两厅双卫	120	11.60
三房两厅双卫	133	8.20

5. 智能化设施

根据项目定位，智能化设施既要满足客层的现代时尚需要，作为品质社区的重要支撑，同时又要兼顾成本，则建议考虑实用的小区智能化系统加以应用，如小区安防系统、单元门可视对讲、智能一卡通、燃气报警器等。

6. 物业管理

消费者购买住宅便选择生活方式，不仅希望楼盘本身具有各种良好品质，更要求居住的过程中有一个长期优质的服务。建议聘请经验丰富的知名物业公司担当物业服务，以贴心、细致、人性化的服务，全方位满足高层次的生活需求，以物业的品牌提高项目的档次、提升项目的品质，维持楼盘高品质的延续，并实现楼盘的保值和增值。

能力训练

1. 各小组分工合作，对本楼盘的产品主题、功能类型、档次和经营方式等进行初步定位。

2. 在产品定位的基础上，凝结和提炼项目的形象定位语，并说明有哪些因素可以支撑定位。

课后习题

一、单项选择题

1. 对房地产客户市场进行市场细分的基础是（　　）。
   A. 消费者需求是客户定位的基础　　B. 消费者的普遍存在性
   C. 消费者需求的差异性　　　　　　D. 消费者需求的一致性

2. 从逻辑关系上看，市场细分、市场定位与选择目标市场这三项活动的顺序是（　　）。
   A. 市场细分、市场定位、选择目标市场　　B. 市场细分、选择目标市场、市场定位
   C. 选择目标市场、市场细分、市场定位　　D. 选择目标市场、市场定位、市场细分

3. 消费者购买有形产品时所获得的各种服务或利益，如物业管理、信贷服务等，这是房地产产品的（　　）。
   A. 期望产品　　　B. 形式产品　　　C. 核心产品　　　D. 延伸产品

4. 房地产项目推广之初，要对项目的名称、Logo、推广主色调等进行系统策划、设计，树立项目独特的形象，请问这是企业形象识别系统的（　　）。
   A. 企业产品识别系统 CIS　　　　　B. 企业理念识别系统 MIS
   C. 企业行为识别系统 BIS　　　　　D. 企业视觉识别系统 VIS

5. 每种产品所提供的款式、建筑风格的多少，涉及产品的差异化设计和创新是指房地产产品组合的（　　）。
   A. 长度　　　　　B. 宽度　　　　　C. 深度　　　　　D. 一致性

6. 某山水别墅项目以"山水宜居"为定位，突出项目周边优美的山水景观和宁静的居住环境，吸引追求自然生态生活的客户群体，这属于房地产项目形象定位中的（　　）。
   A. 主题定位法　　B. 文化定位法　　C. 创新定位法　　D. 环境定位法

7. 企业只推出单一产品，运用单一的市场营销组合，力求在一定程度上适合尽可能多的顾客的需求，这种战略是（　　）。
   A. 无差异市场营销战略　　　　　　B. 密集市场营销战略
   C. 差异市场营销战略　　　　　　　D. 集中市场营销战略

二、简答题

1. 什么是房地产市场细分？阐述其细分标准。
2. 房地产产品包含核心产品、形式产品和延伸产品三个层次，这三个层次产品之间具有什么关系？
3. 在 STP 战略中，房地产企业进行目标市场选择后，如何才能分层次全方位地描述目标市场呢？
4. 产品组合中产品线越多，项目开发经营的多样化程度就越高，项目项目越多，同类产品能适应和满足不同消费者的要求，产品组合较深，目标市场消费者的选择余地更大。但是，产品组合并不是越宽越深越好，请解释为什么？应该如何做？

答案解析

实训任务

各小组成员采取分工合作的方式,在模块二实训任务成果的基础上,进行样本楼盘的客户定位、产品定位和形象定位,将以上成果整理形成样本楼盘定位报告,并以 PPT 形式进行展示汇报。

 实训指导

一、实训步骤

(1) 各组分工合作,由组长安排时间,分配任务。
(2) 各组对样本楼盘目标客户群进行细分。
(3) 各组选择目标客户群市场。
(4) 各组对目标客户群进行描述。
(5) 各组进行样本楼盘的产品定位。
(6) 各组进行样本楼盘的形象定位。
(7) 制作完成样本楼盘定位报告的 PPT。
(8) 小组代表上台进行成果汇报,学生互评、教师点评。
(9) 修改、提交报告成果,电子文档和打印稿各一份。

二、实训成果要求

1. 实训成果名称。

××楼盘定位报告

2. 实训报告格式。

(1) 封面:标题、班级、成员、指导教师。
(2) 目录。
(3) 正文。

① 客户定位:客户群总体描述、特征描述、购买用途描述、产品需求描述、价格承受能力描述。

② 产品定位与建议:主题、功能类型、档次和经营方式等。

③ 形象定位:主题、定位语、定位支持体系。

(4) 实训过程及体会

① 小组成员分工。

② 小组每个成员的实训心得体会。

三、考核要求

(1) 定位分析过程细致深入,分工明确。
(2) 定位报告思路清晰、资料丰富翔实、页面设计图文并茂。
(3) 成果汇报体系完整、重点突出、语言流畅、阐述到位。

模块四　房地产项目营销组合策划

> 案例导入

某房地产项目发布"金玉满堂"引领改善人居进入全新颗粒度

　　产品细分之下再细分,犹如学业进阶,越细分越专业,越专业越高级。从"会呼吸的房子""会思考的房子"到"自然生长的社区",作为在中国住宅市场深耕十余年的高端产品线,某房地产企业一直在产品力上持续迭代经营。

　　3月22日,某房地产企业正式发布"金玉满堂"四大产品线,成为当年首家发布新产品战略的房企,将为客户提供全新的产品及生活方式,也给行业带来人居新质生产力示范。

　　随着经济发展和生活水平的不断提高,越来越多购房者的需求从"有房住"到"住好房"进阶。追求更好的居住环境、更大的居住面积,是当前大部分消费者换房的主要驱动因素。而随着消费者需求的升级,"体验"成为房地产企业在打造产品过程中亟待关注的重点,住宅产品将沿着横向和纵向两个方向进一步提升套系化场景的完整性,实现产品力的持续进化。

　　对于某房地产企业来说,此次产品战略升级也密切围绕不同改善型客户的体验场景展开。

　　"金"即某房地产企业旗下最知名的经典产品——府系,目前已落子全国29座城市72府,收获了超25万名业主的认可。2024年,已进化至3.0,用科技健康一核、极致五美、商业会所两配套、社区圈层两服务,打造"自然生长的社区"。3.0为业主提供了从产品到服务再到更美生活方式的闭环体验。图4-1所示为府系3.0项目——天津项目实景。

图4-1　府系3.0项目——天津项目实景

"璞"(玉)为某房地产企业璞系,定位为"城市核心区的国际东方艺术作品",为看遍世界的中国财智精英提供一种"返璞而归真"的东方韵美学生活。今年某房地产企业将在西安落地首个璞系作品。以国际东方"一韵",大师高定的户型、立面、景观、精装、地库以及高端科技系统这"六璞",加上人文会所、艺术商业、质璞社区服务与至臻圈层服务,让追求本真、平和的人们拥有理想的生活居所。图4-2所示为首个璞系项目——西安项目会所效果图。

图4-2 首个璞系项目——西安项目会所效果图

"满"是某房地产企业为财富新贵、高级白领、时尚达人打造的M系产品,定位为城市核心区域的公寓大平层产品。"小满胜万全",为满足"悦己派"客户的精致生活需求,整体设计风格峰尚现代的M系,打造强化归家体验、园林体验、精装体验、地库体验、智慧体验的轻奢满配社区;通过潮户外、潮运动、潮养生的配套设施提供新潮的运动生活方式,并为业主带来24小时全域全时的商业社区配套和物业服务。

"棠"则是某房地产企业棠系产品。这是某房地产企业为重视家庭陪伴、亲子成长的"顾家派"客户定制的全龄友好社区。其视觉标识"一棵树"也是棠系的精神IP,每个棠系项目都有一棵家庭成长之树,陪伴着社区每一户家庭的成长,最终枝繁叶茂。其首个代表作即将落地上东智慧科学城,为业主带来高颜高配、极致收纳、全龄友好、壹里繁华的温馨生活。

向美而新,站在新的节点,某房地产企业传递的是做好产品、打造美好生活的决心。"金玉满堂"既为客户提供更美更丰富的生活方式,也为行业以新思维应对新挑战提供了一张标杆性的"新答卷"。

任务一 房地产项目产品策划

任务目标

1. 熟悉房地产项目的品牌策划。
2. 了解建筑单体、群体平面布局类型。
3. 了解房地产项目常见的建筑风格。

4. 能提出房地产项目户型设计建议。
5. 能提出房地产项目建筑及景观设计建议。
6. 能提出房地产项目附加值提升建议。
7. 具备良好的沟通协调能力和团队合作能力。

任务背景

在 N 地块项目的前期策划阶段,方圆对项目定位有了深入的理解,清晰地认识到本项目的目标客源所在,并明白项目应该开发怎么样的产品和形象去尽量满足目标客户的需求。随着项目的推进,项目进入了营销策划阶段,策划组正在全力以赴地开展项目的营销策略制订工作,方圆也加入其中。在前期产品定位的基础上,策划组首先要进行深入的产品策划,下面是方圆参与项目产品策划的学习和实践。

知识准备

一、房地产项目的品牌策划

(一)房地产项目品牌的含义

从广义上讲,房地产项目品牌是社会公众对某一具体开发项目的社会价值的认知,它代表了项目的综合品质,包括建筑质量、外观设计、功能布局、环境营造等多个方面的要素,这些要素共同构成了项目的外在形象,使得项目在市场上具有独特的辨识度和吸引力。

从狭义上讲,房地产项目品牌是指房地产开发商或经销商给自己的房地产产品所起的商品名称,通常由文字、标记、符号、图案和颜色等要素组合构成,用作一个卖主或卖主集团的标识,以便同竞争者的产品相区别。主要包括品牌名称和品牌标识两个方面。

品牌名称也称"品名",是指品牌中的单词、字母(数字)、词组或字母(数字)的组合,是品牌中可以用语言文字表述的部分。品牌名称主要产生听觉效果(如万科理想城、碧桂园·名门 1923、绿地运河天地 X-mall 等)。

品牌标识也称"品标""Logo",是指品牌中的图案、符号、标记、设计等可以识别但不能用语言文字表述的部分。品牌标识主要产生视觉效果,如图 4-3 所示。

(a)　　　　　　　　(b)　　　　　　　　(c)

图 4-3　房地产项目品牌标识实例

(二) 房地产项目的品牌策略

房地产项目的品牌策略对于提升项目价值、增强市场竞争力具有重要意义。以下是三种主要的品牌策略。

1. 单一品牌策略

单一品牌策略是指房地产开发商的所有项目都使用统一的品牌名称和标识，通常是开发商的企业名称，一般商业类项目居多。例如，泰禾院子、万达广场、吾悦广场等。在推广过程中，名称前多加上城市名进行区分。例如，泰禾北京院子、常州新北万达广场、常州武进吾悦广场等。

这种策略有助于建立统一的品牌形象，提升品牌的知名度和认知度。然而，这种策略可能不适用于产品线广泛或市场定位各异的开发商，因为统一的品牌可能无法准确反映各个项目的独特性和差异性。

2. 多品牌策略

多品牌策略是指房地产企业根据项目的不同定位、特点和市场需求，为每个项目创建独立的品牌名称和标识。例如，常州市晋陵投资集团有限公司开发的中吴江南春、ICC白云新城、晋陵和庭等。

这种策略有助于满足不同消费者群体的需求，因为每个品牌都可以根据目标市场的特点和偏好进行定制。多品牌策略还可以降低品牌风险，因为一个品牌的失败不会对其他品牌产生太大影响。然而，管理和维护多个品牌需要更多的资源和精力，且品牌间的协调和统一也是一大挑战。

3. 主副品牌策略

主副品牌策略则是结合了单一品牌和多品牌策略的特点，在这种策略下，开发商会推出一个主品牌，代表公司的整体形象和核心价值，同时针对不同项目或产品线推出副品牌。主品牌通常用于建立公司的整体声誉和信任度，而副品牌则用于强调项目的独特性和差异性。这种策略既可以保持品牌的统一性和连贯性，又可以体现项目的个性和特色，是目前市场的主流。例如，万科国宾道、万科新都会、万科四季都会等。

(三) 房地产项目品牌设计原则

1. 易于识别和记忆

项目的名字应当简洁明了，便于人们快速识别和记忆。一个好的名字能够让人一听就能联想到项目，甚至产生好感。避免使用过于复杂或生僻的字词，以确保名字的大众接受度。

2. 体现项目特色和价值

项目名字应该能够反映项目的核心特色和价值，包括项目的定位、建筑风格、配套设施等。通过名字，能够向潜在客户传达项目的独特性和优势，吸引他们的关注。

3. 符合文化和市场趋势

在命名时，需要考虑当地的文化背景和市场趋势。名字应该符合当地的审美习惯和价值观，避免与当地的习俗或信仰产生冲突。同时，也要关注市场趋势，确保名字能够与时俱进，符合目标客户的喜好。

4. 合法性和独特性

项目名字必须合法,不得使用违法、违规的词汇或表达方式。此外,名字还应该具有独特性,避免与其他项目重名,以减少混淆,树立项目的独特形象。

(四)房地产项目的命名方法

对房地产项目而言,命名是一项至关重要的工作,需要综合考虑开发商品牌策略、建筑类型、项目特色等多方面因素,既要考虑项目的实际情况和市场需求,又要注重名称的文化内涵和审美价值,因此方法多样,以下是几种常见的方法。

1. 地理位置命名法

地理位置命名法是根据楼盘所处的地理位置、行政区划或周边标志性地点来命名。这种命名方式能够直接传达楼盘的地理位置信息,便于消费者记忆和识别。例如,如果楼盘位于城市的中心地带,可以命名为"城市之心"或"中心广场";如果靠近湖泊或公园,可以命名为"湖畔雅居"或"公园一号"。

2. 开发商名称命名法

开发商名称命名法是直接使用开发商的名称或简称,结合项目特色或定位来命名。这种方式有助于提升开发商的品牌形象,同时也能够增强消费者对项目的信任感。例如,某知名开发商的楼盘可以命名为"××地产·盛世华庭"或"××集团·悦府"。

3. 自然环境命名法

自然环境命名法是根据楼盘周边的自然环境、景观特色或建筑风格来命名。这种命名方式能够突出楼盘的宜居性和环境优势,吸引对生态环境有较高要求的消费者。例如,如果楼盘周边有山有水,可以命名为"山水华庭""绿野仙踪""山湖城"等。

4. 数字表达命名法

数字表达命名法是使用数字或数字与文字的组合来命名楼盘。数字具有简洁、明了的特点,能够增强名称的辨识度和记忆度。例如,"壹号公馆""九号院""国仕九礼"等,这些名称既体现了项目的尊贵和独特性,又便于消费者记忆。

5. 以楼盘特点命名

以楼盘特点命名是以楼盘最大的特点或优势为楼盘命名,使人对楼盘特质优点一目了然、印象深刻。例如,如果楼盘以智能化为特色,可以命名为"智慧新城""智能公馆"等;如果楼盘以绿色环保为卖点,可以命名为"绿色家园""生态雅居""绿郡"等。

6. 谐音词命名

谐音词命名是根据自身特点谐音一些成语或常用语,以一语双关或出人意料来吸引人,达到与众不同的效果。例如,"韵动领地""英郡年华""金玉良苑"等,这些名称通过谐音和寓意,使得楼盘更具特色和文化内涵。

除了以上几种常见的方法外,还有一些楼盘会采用舶来名称、新概念命名等方式来命名,以体现项目的国际化特色或引入新的居住理念。无论采用哪种命名方式,都需要注意名称的易读性、易记性和独特性,同时要符合项目的定位和目标客户群体的喜好。

二、房地产项目总体规划建议

(一) 建筑单体平面布局

住宅建筑单体的平面类型多样,每种类型都有其独特之处,满足了不同的居住需求。其中,塔式、单元式和通廊式是三种常见的住宅建筑单体平面类型。

1. 塔式住宅

高层独立单元式住宅又称塔式住宅,以共用楼梯或楼梯与电梯组成的交通中心为核心,将多套住房组织成一个单元式平面。这类住宅不与其他单元拼接,独立自成一栋,如图4-4所示。

图4-4 塔式住宅实例

塔式住宅的优点:塔式住宅的建筑形态紧凑,空间利用率高,可以在有限的土地上容纳更多的住户;由于塔式住宅的高度较高,住户可以享受到较好的视野和采光,居住体验较好;塔式住宅的建筑外观独特,具有较高的辨识度和美观性,可以成为城市的一道亮丽风景线。

塔式住宅的缺点:由于楼层较高,住户对电梯的依赖性较强,一旦电梯出现故障,会给居民带来极大的不便;由于电梯、走廊等公共区域占用了较大的面积,塔式住宅的公摊面积相对较大,增加了购房成本。

2. 单元式住宅

单元式住宅又称为板式住宅,由多个住宅单元组合而成,每单元均设有楼梯或电梯。其特点是每个单元内包含若干户住宅,围绕电梯、楼梯等垂直交通核心布置,一般"两单元""三单元"居多,如图4-5所示。

单元式住宅的优点:每个单元相对独立,住户之间的相互影响较小,私密性强;单元式住宅通常配备有门禁系统、监控设备等安全措施,安全性高;单元式住宅的户型设计多样,能够满足不同家庭的需求;单元式住宅的平面布局合理,功能分区明确,使得居住空间更加舒适和实用。

单元式住宅的缺点:户型类型变化不大,整体布局较为单调,外立面较呆板,视野容易

图 4-5　单元式住宅实例

受遮挡而不够开阔;体型较大,对建设场地要求较高,容易造成整个居住区的通风、采光较差;公摊面积较大。

3. 通廊式住宅

通廊式住宅是指由共享楼梯或电梯通过内、外通廊进入各套住宅的住宅布局形式。一种采用公共走廊连接各户型的住宅形式。其特点是有一条公共走廊贯穿整个楼栋,住户通过走廊进入各自的户型,如图 4-6 所示。

（a）内通廊　　　　　　　　　　（b）外通廊

图 4-6　通廊式住宅实例

通廊式住宅的优点:结构设计简单,建筑成本低;户型结构较为合理;便于物业、防范等管理;适合于经济收入较低的年轻人购买居住,也适合于经济条件较好的购房者购买用于投资或出租。

通廊式住宅的缺点:由于公共走廊的存在,可能导致一定程度的噪声干扰和隐私泄露问题;外廊作为公共交通走道,所占的面积较大,建筑造价较高;通廊式住宅的采光和通风条件可能受到公共走廊位置和宽度等因素的影响,需要在设计中加以注意。

（二）建筑群体平面布局

行列式、周边式、点群式和混合式是住宅群体组合中最常运用的基本组织方式。

1. 行列式

行列式是建筑按照一定的朝向和合理的间距成排布置的方式。行列式布局大部分是南北向重复排列，是普遍采用的一种方式，如图4-7所示。

行列式布置的优点：可使住宅的大多数居室获得均等、良好的日照和通风条件，利于管线敷设和工业化施工。其缺点是住宅群体和形成的空间景观可能显得单调、呆板，后排建筑的视线容易受前排建筑物的遮挡。

2. 周边式

周边式是建筑沿街坊或院落周边围合布置的形式，形成的院落空间较为封闭，便于在其中组织绿化和休闲活动设施，如图4-8所示。

图4-7　行列式建筑群体布局实例

图4-8　周边式建筑群体布局实例

周边式的优点：形成的内向集中空间，空间领域性和归属感较强，便于绿化，可围合出适合多种辅助用途的大空间，利于邻里交往和防风防寒，对于寒冷和多风沙地区，可阻挡风沙和减少院内风雪，同时还可以节约用地，提高居住建筑密度。其缺点是东西向的住宅比例较大，居室朝向差，不利于湿热地区使用，转角单元空间较差，有旋涡风、噪声，干扰较大，施工复杂等。

3. 点群式

点群式是由建筑基底面积较小的建筑相互临近形成的散点状群体空间，一般为点式或塔式住宅，如图4-9所示。

点群式布置的优点：住宅日照和通风条件较好，对地形的适应能力强，可利用地形中的边角余地。但缺点是建筑外墙面积大，不利于节能，而且形成的外部空间较为分散，空间主次关系不够明确，视线干扰较大，识别性较差。

4. 混合式

混合式是以上三种布局方式的混合形式，较常用的是以行列式为主，辅以少量住宅、公共建筑沿道路或院落周边布局，或在用地边角处散点状布局，形成兼具封闭和开敞感的院落空间。这种布局方式可以保证大量住宅具有较好的朝向和日照，还可以形成一定的主次空间，空间的封闭感和开敞性均可以达到，并且易于与用地结合，因此在实际运用中具有较强的适用性,如图 4-10 所示。

图 4-9　点群式建筑群体布局实例　　　图 4-10　混合式建筑群体布局实例

(三) 公共空间布局

房地产项目公共空间布局策划需综合考虑以下多方面因素。

1. 要注重整体规划与局部细节的结合

整体规划时,要综合考虑地形、气候等因素,确定公共空间的基本布局。同时,对于各个功能区的设置,需根据居民生活需求和习惯,精细划分并合理配置,以实现空间的高效利用。

2. 强调空间的多功能性与灵活性

公共空间不仅要满足居民的基本活动需求,还应具备举办各类社区活动的功能。因此,在布局策划时,应预留一定的弹性空间,以适应未来可能的变化。

3. 注重景观与绿化的融入

通过合理的植物配置和景观设计,可以营造出舒适、宜人的空间氛围,提升居民的居住体验。

4. 关注环保与可持续发展

在公共空间布局策划中,应尽量选用环保材料和绿色技术,以减少对环境的影响,实现可持续发展。

(四) 交通组织建议

1. 居住区道路系统的规划

根据《城市居住区规划设计规范》,居住区内道路可分为:居住区道路、小区路、组团路和宅间小路四级,其中居住区道路红线宽度不宜小于 20m、小区路面宽 6~9m、组团路路面宽 3~5m、宅间小路路面宽不宜小于 2.5m。

居住区道路的规划建设应体现以人为本,提倡绿色出行,对于车行道和人行道应进行明确的分离,确保行人的安全。在规划时需综合考虑地形、规模及居民出行需求,合理划分道路等级,设计合理的流线,使车辆和行人能够有序地进出居住区,同时避免对居民生活造成干扰。同时,注重环境保护与绿化,提供充足的停车空间,并运用智能化管理手段,以打造舒适宜居的居住环境。

2. 停车设施规划

根据居住区的规模和居民需求,合理规划停车设施,确定停车规模,预留扩展空间。

可以设置地下停车场、立体停车库等，以缓解停车难的问题。同时，应考虑到新能源汽车的发展趋势，预留充电桩等配套设施的位置。

三、房地产项目户型设计建议

（一）户型策划内容

户型设计是房地产项目策划中至关重要的环节。户型定位是否准确、户型配比是否合理、户型设计是否科学，不仅能够最大限度地满足居住者的需求，提供舒适、便捷的生活空间，更能显著提升项目的市场吸引力与竞争力，成为项目成功的关键要素。下面是住宅户型设计的四点主要内容。

1. 户型类别配置

户型类别配置是户型策划的首要工作，策划者要根据项目所处区位及周边总体环境，结合目标消费者定位，确定项目的户型类别。例如，是立体户型还是平面户型？是三房以上大户型为主还是二房以下小户为主？是哪几种户型？

2. 户型面积设定

户型面积设定，是一个细致且关键的决策过程。针对每种户型类别，如三房户型，需要慎重选择其面积范围，是倾向于紧凑的 $90m^2$、舒适的 $120m^2$，还是宽敞的 $150m^2$。这一决策需要深入剖析项目定位、市场需求、市场趋势等因素。

首先，充分考虑项目的整体定位和目标客群的需求。对于高端项目，大户型能够凸显其尊贵与奢华，吸引高端客户群体；而对于经济型项目，小户型则更加实用和经济，满足广大购房者的需求。

其次，户型面积的设定还需要结合当地市场趋势和竞争态势。通过市场调研，了解目标客户对于户型面积的偏好和购买力，确保项目在市场上具有竞争力。

3. 户型组合配比

户型组合配比是指一个项目中不同类型、大小、位置的户型的组合及其比例关系。为了更好地满足不同购房者的需求，以及科学划分项目楼层平面，项目大多都要设置多种户型，如四室二厅、三室二厅、二室二厅、一室一厅等。以上户型每一单元可分别设置二户、三户或四户等。户型组合要达到主力户型和辅助户型的大、中、小合理匹配。表 4-1 为楼盘的户型配比示例。

表 4-1　楼盘的户型配比示例

建筑业态	户　　型	面积段/m^2	面积占比/%
高层	2 房	约 90	10
	3 房	约 120	20
	3+1 房	约 130	25
	4 房	约 150	10
洋房	3+1 房	约 140	15
	4 房	约 150	20

4. 户型布局建议

户型布局建议是指对各个户型在小区总平面、楼层、平面上的位置,以及一个户型内不同功能空间的平面布置(功能分区)提出建议。例如,设置几个卫生间、几个阳台、厨房是开放式还是传统的封闭式等。

(二) 户型策划原则

1. 实用性原则

户型设计首要考虑的是实用性。合理安排空间布局,科学设置功能区域,满足居住者的实际需求。同时,要充分考虑到功能区域的互相独立性和相互影响性。

2. 灵活性原则

户型设计应具备一定的灵活性,以满足不同居住者的需求。房屋结构和布局要能够适应不同居住者的生活方式和家庭组合。同时,在设计中要考虑到主次功能区域的灵活切换,满足居住者不同场景下的需求。

3. 通风采光原则

户型设计应充分考虑到通风和采光的需求,提供良好的室内环境。合理设置窗户和阳台,使得房间内能够获得充足的自然光线和空气流通。同时,要注意避免阳光直射和中午阳光过强等问题。

4. 私密性原则

户型设计应注重居住者的私密性需求。合理设置隔断,保护居住者的隐私。同时,要确保不同功能区域的私密性,避免打扰和干扰。

5. 安全性原则

户型设计应考虑到居住者的安全需求。合理设置门窗,提供有效的防盗措施。同时,要注意安全出口的设置和疏散通道的畅通,确保居住者在紧急情况下能够顺利撤离。

(三) 户型功能分区

住宅户型功能分区是一个综合性的设计概念,旨在提高居住空间的实用性和舒适度。具体来说,功能分区有四种常见的分类方式。

1. 动静分区

动静分区是基于活动性质与频率的标准,将住宅划分为动区和静区两大部分。动区主要包括玄关、客厅、餐厅、厨房等公共活动区域,这些区域是家庭成员日常活动和接待客人的主要场所,设计时需要注重空间的开阔性和互动性。静区包括卧室、书房等区域,这些区域需要保持安静和私密,以便居住者能够充分休息和专注于个人事务。

2. 干湿分区

干湿分区是基于湿度与清洁需求的标准,将卫生间、厨房等湿度较大的区域与客厅、卧室等需要保持干爽的区域进行分隔。干湿分区有助于保持室内环境的干燥和卫生,减少潮湿和霉变等问题对居住者健康的影响。

3. 公私分区

公私分区是根据空间的开放程度和隐私需求进行划分的,一般分为公共活动区、私密区和辅助区三个区域。公共活动区如客厅、玄关、餐厅等,是家庭成员和客人共享的空间,设计时应注重其开放性和社交性;私密区如卧室、书房、主卫等需要保持相对独立和私密,以满足居住者的个人需求；辅助区如厨房、阳台、客卫等对以上两个功能区域提供辅助、支持。

4. 空间利用分区

根据家庭成员的生活习惯和需求，对空间进行高效利用。例如，通过合理布局家具和设施，将客厅划分为会客区和休闲区；在卧室中设置独立的衣帽间和梳妆台等。这种分区方式有助于提高空间利用率，使居住空间更加宽敞和舒适。

（四）户型策划重点

1. 客厅

客厅是进入一个家庭给人的第一视野、是一家大小尽享天伦之乐时最主要的活动空间、是迎宾会客的最重要场所。客厅应具有一定的独立性和完整性，不要向客厅开门太多，避免使客厅成为交叉穿越的过道从而降低空间使用率。

客厅的设计要素主要包括开间、进深、阳台、窗、门的数量、门的朝向、餐厅的连接、玄关等，设计时需注意以下几点。

（1）布局应尽量方正，面积大小适中，开间一般不小于 3.6m 但也不应超过 5m，一般以 3.9～4.5m 为宜，进深与开间之比不宜超过 1.5。

（2）客厅应具有良好的通风与采光。客厅应尽量朝南，还应该具有开阔的视野，客厅最好与阳台连接，保证采光，避免阳台与卧室相连影响卧室私密性。

（3）客厅与进户门之间应该设计一定的过渡空间以保持室内空间的相对私密性，避免在进户门处就能对客厅一览无遗，可以设置玄关、入户花园等。

（4）在有条件的情况下可以在居室中划分出单独的会客室或设置家人活动的厅，使得会客时不影响其他家庭成员的正常活动。

2. 卧室

卧室是休息和睡眠的区域，策划重点应放在确保安静、舒适和私密性上，设计时需注意以下几点。

（1）卧室设计必须保证居住的舒适性，要有直接采光和通风条件，尽量朝南，不允许出现"暗房"。卧室应该具有私密性，应远离入户门、远离客厅，卧室门尽量不要正对客厅，保证实现动静分区。

（2）主卧空间的设计应该成为居住舒适性的关键。主卧一般位于住宅的最里面、朝南或者面对最佳的朝向，功能上最好能自成一体，有条件的情况下应该将卫生间、梳妆台、阳光间甚至小书房等空间纳入主卧的范围，但也不是越大越好，太大失去亲密、浪漫、温馨的氛围。

（3）大面积的户型还应带有卫生间的"次主卧"，"次主卧"的面积小于主卧但大于次卧，"次主卧"一般给父母、年龄较大儿女居住。

（4）儿童房和佣人房则可相对较小，因为小孩的活动区更多在客厅。工人房最好与兼有洗衣机功能的服务阳台相连。

3. 餐厅

餐厅也是家庭重要的公共活动区域，设计时要注意以下几点。

（1）餐厅应该具备良好的通风采光条件，一般以处于户型北侧为宜。

(2) 餐厅应该与厨房紧密相连,西式厨房可以与厨房实现一体化。

(3) 餐厅空间至少要有两面墙,一方面可以避免成为公共过道,另一方面有利于设计厨边柜、酒柜等家具。

(4) 餐厅与客厅宜相互通视又适当错开,既可以使功能分区更清楚、餐厅气氛更雅致,也会使整个公共空间显得通透、开阔。

4. 阳台

阳台是将自然风、自然光引入室内的最佳途径,设计时应注意以下几点。

(1) 大多户型设置半封闭阳台,因为半封闭阳台按50%计算建筑面积,是重要的营销卖点。

(2) 阳台具有通风、采光、观景、晾晒衣物等功能,有条件可以区分生活阳台和操作阳台。生活阳台一般位于南侧,与客厅相连,面积宜大些,供人们观景、休息、晾晒衣物等;操作阳台宜设置于北侧并与厨房相连,便于放置蔬菜及其杂物。

(3) 阳台平面类型应该多样化,提高户型亮点,如转角阳台、双景阳台、大露台、退台式阳台等。

5. 厨房

厨房是烹饪和存储食物的区域,策划重点在于提高操作效率和储物空间。

(1) 厨房应尽可能接近入户门,以便于食品、垃圾的进出,与餐厅相连。

(2) 厨房需要具备明厨和自然通风条件,尽量靠近户型北面的窗户。

(3) 在住宅科技方面,厨房是住宅内设备和科技运用最集中空间之一,设计时要有一定的前瞻性,如应留足够多的管线。

6. 卫生间

卫生间是家中用水最集中的地方,最容易出现阴暗潮湿从而滋生细菌,因此需要布置在通风采光良好的地方,如果只有一个卫生间,则卫生间应布置在动静分区或公私分区之间,尽量实现干湿分区和洁污分区。三室及以上的大户型应该有一个以上的卫生间,其中一个是主卧独立卫生间。

四、房地产项目建筑及景观设计建议

(一) 建筑风格建议

建筑风格是指建筑设计中在内容和外貌方面所反映的特征,主要在于建筑的平面布局、形态构成、艺术处理和手法运用等方面所显示的独创和完美的意境。不同的时代、地域和文化背景,都孕育出独具特色的建筑风格,下面是一些常见的建筑风格。

1. 新中式建筑风格

新中式建筑总体而言可以归纳为北方的合院派和南方的园林派两大派系。

北方的合院派建筑在外观上采用了北京四合院的灰色坡屋顶、筒子瓦及一定高度的墙院围合方式;材质上多选用地域色彩浓厚的灰砖,形成雄浑、宏大的气势;空间结构上则是尽可能多地设计庭院空间,以追求四合院的全包围形式,如图4-11所示。

南方的园林派则以其"天人合一"的造园理念、精致的景观和空间处理手法独步天下。

该派建筑多以苏州园林为主要传承对象,亭、台、楼、阁、轩等也多仿造苏州园林样式。景观营造手法借鉴园林中常见的景观处理方法。白墙青瓦、高大的马头墙、飞檐是建筑中的突出特点。整体建筑形象可用"粉墙黛瓦"来形容,如图 4-12 所示。

图 4-11　北方的合院派建筑风格实例　　　图 4-12　南方的园林派建筑风格实例

2. 新古典主义建筑风格

新古典主义建筑作品超越了"欧陆风"的生硬与"现代简约"的粗糙,设计更加精细,品位更加典雅细腻,新古典主义是古典与现代的结合物,它的精华来自古典主义,但不是仿古,更不是复古,而是追求神似。新古典主义建筑下层通常用重块石或画出仿石砌的线条,中段用古希腊、古罗马的五种柱式,有的还在屋顶沿街或转角部位加穹隆顶阁楼亭,外观吸取了类似"欧陆风格"的一些元素处理手法,但加以简化或局部适用,如图 4-13 所示。

3. 现代主义建筑风格

现代主义建筑追求线条的简洁和空间的通透,强调功能化、科学性和居住便利性。色彩常以中性色为主,材质选择也倾向于简约而富有质感,如金属灯、金属线条、钢化玻璃等。它体现了现代生活的快节奏和高效性,给人以时尚、舒适和清新的感觉,如图 4-14 所示。

图 4-13　新古典主义建筑风格实例图　　　图 4-14　现代主义建筑风格实例

4. 地中海建筑风格

地中海建筑,原来特指沿欧洲地中海北岸沿线的建筑,特别是西班牙、葡萄牙、法国、意大利、希腊这些国家南部沿海地区的住宅。后来这种建筑风格融入欧洲其他地区的建筑特点后,逐渐演变成一种豪宅的符号。闲适、浪漫却不乏宁静是地中海风格建筑所蕴含的生活方式的精髓所在。长长的廊道,延伸至尽头后垂直拐弯;半圆形高大的拱门,或数个连接或垂直交接;墙面通过穿凿或半穿凿形成镂空的景致。这是地中海建筑中最常见的三个元素,如图 4-15 所示。

5. 意大利建筑风格

意大利建筑一般为方形或近似方形的平面,红瓦缓坡顶,出檐较深,檐下有很大的托架(也称牛腿)。檐口处精雕细凿,气势宏大,既美观又避免雨水淋湿檐口及外墙而变色。铁艺是意大利建筑的一个亮点,阳台、窗间都有铁铸花饰,既保持了罗马建筑特色,又升华了建筑作为住宅的韵味感。尖顶、石柱、浮雕……彰显着意大利建筑风格古老、雄伟的历史感,如图 4-16 所示。

图 4-15　地中海建筑风格实例

图 4-16　意大利建筑风格实例

6. 法式建筑风格

法式建筑呈现出浪漫典雅风格,风格则偏于庄重大方,整个建筑多采用对称造型,气势恢宏,居住空间豪华舒适。屋顶坡度有转折,上部平缓,下部陡直,多有精致的老虎窗,或圆或尖,造型各异。外墙多用石材或仿石材装饰,细节处理上运用了法式廊柱、雕花、线条,制作工艺精细考究,如图 4-17 所示。

图 4-17　法式建筑风格实例

7. 英式建筑风格

英国的建筑大多保持着红砖在外,斜顶在上,屋顶为深灰色,也有墙面涂成白色的,是那种很暗的白或者可以叫作"灰色"。房子一般是由砖、木和钢材等材料构成,很少看见钢筋混凝土的建筑。淡绿的草场、深绿的树林、金黄的麦地,点缀着尖顶的教堂和红顶的小楼,构成了英国乡村最基本的图案,如图4-18所示。

8. 德式建筑风格

德式建筑细节精致、构图对称,常常采用厚重的石材作为主要建筑材料,通过花岗石、砖石等材料的运用,使建筑物显得稳固耐用,给人一种沉稳而古老的感觉。德式建筑对质量与功能的重视程度极高,所选用的材料品质上乘,同时注重环保与可持续发展,力求在实用性与美观性之间达到完美平衡。在装饰上,它秉持简约至上的原则,摒弃一切多余的修饰,使建筑本身成为最好的装饰,如图4-19所示。

图4-18 英式建筑风格实例

图4-19 德式建筑风格实例

9. 北美建筑风格

我国的北美建筑更多体现在别墅业态上,北美建筑风格是一种混合风格,不像欧洲建筑风格是一步步逐渐发展演变而来的,它在同一时期接受了许多种成熟的建筑风格,相互之间又有融合和影响,融合多种风情于一体。大窗、阁楼、坡屋顶、丰富的色彩和流畅的线条是北美建筑的明显特点,侧山墙、双折线屋顶以及哥特式样的尖顶等是比较典型的北美建筑的视觉符号,如图4-20所示。

10. 综合类建筑风格

综合类建筑是指多种不同建筑风格的建筑综合在一起,然后在不同的区域内建造与之相符的园林景观,使得整个社区体现出浓郁的异域风情。在很多楼盘中,由于其建筑可能包含别墅、

图4-20 北美建筑风格实例

高层和花园洋房等多种类别,难以用单一风格来全面概括,因此展现出别具一格的综合类建筑风格,为居住者带来丰富多彩的视觉享受。

(二)立面细节营造建议

建筑外立面的规划设计是建筑设计过程中非常重要的一部分,它不仅决定了建筑的

外观美感,还能反映出建筑的功能、风格和氛围。以下是策划人员进行建筑立面细节营造策划的重点。

1. 形式与风格统一

建筑立面的设计应与整体建筑风格和设计理念相协调。无论是现代简约、古典复古还是地域特色风格,立面的细节处理都应与整体形式保持一致,形成统一和谐的视觉效果。

2. 材料选择与质感表达

选择适合的材料对于外立面设计至关重要。材料应具备耐久性、美观性和适应当地气候条件的特点。常见的外立面材料包括石材、金属、玻璃、陶瓷等,可以根据设计需求进行选择和组合。

3. 光影与色彩运用

光影和色彩是营造立面细节的重要手段。通过合理运用光影效果,可以突出建筑的立体感和空间感;而色彩的搭配则能够营造出不同的氛围和风格。

4. 细节与装饰处理

立面的线条、装饰和雕刻等细节处理是营造建筑特色的关键。这些细节应该根据建筑风格和设计理念进行精心安排,以突出建筑的个性和特色。同时,门窗的设计和布局也是立面细节处理的重要组成部分,能够为建筑增添亮点和特色。

5. 环保与创新

在外立面设计中应充分兼顾建筑的环保与创新需求。在环保方面,应优先选用绿色环保建材,并积极运用被动式节能技术,以此降低能耗、减少对环境的不良影响,提升建筑的可持续性。在创新方面,应采用新颖的设计理念和技术手段,打造出独特而富有个性的建筑立面,使建筑在展现美观的同时,也彰显其独特魅力。

(三)景观设计建议

1. 景观分类

住宅房地产景观可分为绿化种植景观、道路景观、场地景观、硬景观、水景观、庇护景观、模拟景观、高视点景观和照明景观。具体如表4-2所示。

表4-2 景观分类

序号	分类	具体说明
1	绿化种植景观	应从植物种类,植物搭配,种植方法和空间效应等方面考虑绿化植物景观规划
2	道路景观	道路景观规划应考虑道路方向,路面材料,边石,排水沟等
3	场地景观	景观包括运动场馆,休闲广场,游乐场等
4	硬景观	硬景观通常是指由硬质材料组成的景观,包括雕塑、墙壁、大门、篱笆、信息标牌、坡道、台阶、种植容器和其他便利设施等
5	水景观	水景观是住宅区的重要景观元素,包括自然水特征、庭院水特征、游泳池水特征和装饰水特征

续表

序号	分类	具体说明
6	庇护景观	庇护景观是住宅区的重要交流空间，也是居民户外活动的集散地，包括凉亭、走廊、脚手架等。受保护的景观应与居民的主要步行路线相邻，并应易于到达
7	模拟景观	模拟景观是用替代材料来模仿真实的材料，用人造景观来模仿自然的景观，以及用固化来模仿流动。它是自然景观的完善和补充。如果使用得当，将超出自然景观的限制。模拟景观包括假山、人造岩石、人造树木、低水位、人造草皮、人造斜坡和人造铺面等
8	高视点景观	高视点景观是居住者从高处观察到的景观
9	照明景观	住宅室外景观照明包括车辆照明、行人照明、工地照明、装饰照明、安全照明等

2. 景观设计建议要点

1）项目定位与景观主题

根据项目的定位，确定景观的主题和风格，使景观与项目的整体形象相协调。例如，对于高端住宅项目，可以选择打造具有尊贵感和私密性的景观；对于度假别墅项目，则可以强调景观的自然与休闲特色。

2）空间布局与功能划分

营销策划人员需要与景观设计师紧密合作，根据项目的实际情况和需求，合理规划景观空间。在布局过程中，要充分考虑人流、车流以及视线的引导，确保空间的连贯性和层次感。同时，还要根据项目的功能需求，将景观空间划分为不同的区域，如休闲区、娱乐区、观赏区等，以满足不同客户的需求。

3）绿化配置与植物选择

在配置方式上，可以运用点、线、面等多种手法，打造丰富的绿化层次和视觉效果。应该以生态园林的理论为依据，模拟自然生态环境，让自然界的气息融进人们的住宅空间中，同时关注智能化、绿色化等新型技术的应用，如下沉式绿地设计。

在植物选择上，要充分考虑植物的适应性、观赏性和生态效益，选择具有地方特色的植物品种，营造独特的景观氛围。做到主次分明和疏朗有序，讲求乔木、灌木、花草的科学搭配，创造春花、夏荫、秋实、冬青的四季景观。根据不同的地形，不同的组团绿地选用不同的空间围合，做到景为人用，富有人情味。

4）水景设计与水体运用

水景是提升景观品质的重要元素。营销策划人员需要根据项目的定位和风格，选择合适的水景形式和规模。例如，可以设计静水、动水、喷泉等不同类型的水景，营造出宁静、灵动或浪漫的氛围。同时，还要考虑水体的维护和管理成本，确保水景的可持续性和实用性。

5）硬质景观与小品设计

硬质景观包括道路、广场、雕塑、小品等元素，它们是景观设计中不可或缺的部分。在硬质景观设计时，要注重材料的选择和搭配，确保景观的耐久性和美观性。同时，要注重硬质景观与绿化、水景等元素的融合，形成和谐统一的景观效果。小品设计则要注重创意和特色,通过巧妙的设计构思和精美的制作工艺,打造出具有独特魅力的景观小品。

6) 文化元素的融入

在景观策划中,融入文化元素是提升项目文化内涵和附加值的有效途径。营销策划人员需要深入挖掘项目所在地的历史文脉和文化特色,将其巧妙地融入景观设计中。例如,可以通过雕塑、景墙、文化长廊等形式,展示当地的传统文化和历史故事,增强项目的文化气息和认同感。

五、房地产项目附加值提升建议

(一) 配套设施建议

1. 基础配套设施的优化

基础配套设施是房地产项目的基石,包括道路、水电、燃气、通信等。开发商应确保这些设施的质量可靠、布局合理,为居民提供便利的生活条件。同时,随着科技的进步,可以考虑引入智能化基础设施,如智能照明、智能安防等,提高居住体验。

2. 生活配套设施的丰富与升级

生活配套设施是提升项目附加值的关键。开发商应关注居民的多元化需求,提供丰富的商业、教育、医疗、文化娱乐等配套设施。同时,要关注设施的品质和档次,引入知名品牌和优质服务,提升项目的整体品质。

3. 绿色生态配套设施的打造

绿色生态是当今社会关注的焦点,也是提升项目附加值的重要方向。开发商可以在项目中规划绿地、公园、水系等生态空间,打造宜居的生态环境。同时,引入绿色建筑材料和技术,实现节能减排,提高项目的环保性能。

(二) 精装修建议

1. 精细化设计

精装修是提升项目附加值的重要手段。开发商应邀请专业设计团队进行精细化设计,注重空间布局、色彩搭配、材料选择等方面的细节处理,打造舒适、美观的居住空间。

2. 高品质材料的选择

材料的选择直接关系到精装修的品质。开发商应选用优质、环保的建筑材料和装饰材料,确保装修的质量和安全性。同时,要注重材料的耐用性和美观性,提高项目的整体品质。

3. 严格的质量控制

精装修的质量控制是确保项目附加值的关键。开发商应建立完善的质量管理体系,对装修过程进行严格的监督和检查,确保每个环节都符合质量要求。同时,要加强对施工队伍的管理和培训,提高他们的专业技能和素质。

(三) 物业管理建议

1. 高品质基础物业服务

物业服务是房地产项目的重要组成部分,直接关系到居民的居住体验。开发商应提供高品质的基础物业服务,包括安保、保洁、维修等,确保居民的基本生活需求得到满足。

2. 智能化物业服务的引入

随着科技的进步，智能化物业服务逐渐成为趋势。开发商可以引入智能化管理系统，实现物业服务的智能化和便捷化。例如，通过智能门禁、智能停车、智能家居等系统，提高物业服务的效率和品质。

3. 个性化物业服务的打造

每个项目都有其独特的特点和定位，物业服务也应根据项目的实际情况进行个性化打造。开发商可以深入了解购房者的需求和喜好，提供定制化的物业服务。例如，为高端项目提供私人管家服务，为家庭型项目提供儿童托管、家庭健康管理等服务，以满足购房者的多样化需求。

（四）新技术新材料的运用

1. 智能家居系统的引入

智能家居系统是科技在房地产项目中的重要应用之一。开发商可以在项目中引入智能家居系统，实现家居设备的智能化控制和远程控制，提高居住的便捷性和舒适性。

2. 绿色科技的应用

绿色科技是实现节能减排、提高环保性能的重要手段。开发商可以在项目中应用绿色建筑材料、节能设备和技术，降低项目的能耗和排放，提高项目的环保性能。

3. 智慧社区平台的搭建

通过构建智慧社区服务平台，可以实现物业管理、社区服务、信息发布等功能的智能化和便捷化。购房者可以通过手机 App 等方式随时随地了解社区动态、享受便捷服务，提升社区的信息化水平和居民的生活品质。

能力训练

各小组分工协作，分析任一竞品楼盘的产品策划，包括楼盘的名称、标志、户型设计、建筑风格、景观设计、物业服务、新技术新材料的运用等，制作 PPT 形式的分析报告，要求图文并茂。

任务二　房地产项目价格策划

任务目标

1. 了解房地产项目价格的构成。
2. 掌握房地产项目定价的程序。
3. 熟悉房地产项目的价格策略。
4. 会利用市场比较定价法进行定价。
5. 提升学生的沟通协调能力和团队合作能力。

> 任务背景

价格策划也是房地产项目营销策划的重要组成部分,完成了项目的产品策划,方圆继续和策划组成员一起对项目进行价格策划,团队成员告诉方圆,他们准备用市场比较法进行定价,价格策略还需要深入探讨。面对目前的任务,方圆想要知道什么是市场比较法?怎么操作?还有哪些定价方法?为此,方圆继续对价格策略进行了学习和实践。

> 知识准备

一、房地产项目价格的构成

房地产项目价格是指建筑物连同其占用土地的价格,即房地产项目价格=土地价格+建筑物价格,是房地产经济运行和资源配置最重要的调节机制。房地产项目价格的构成是一个相对复杂且多方面的体系,主要由土地成本、开发成本、开发费用、税费和利润五部分组成,其中开发成本主要包括前期工作费用、建安成本和配套费用,开发费用主要包括销售费用、财务费用、办公费用和不可预见费,具体见表4-3。

表4-3 房地产项目价格的构成

项 目	序号	子项目	项目内容及标准
土地成本	1	土地费用	主要包括四个方面,即征地费、拆迁补偿费或土地转让费,产生的有关税费,向政府支付的地价款及基础设施建设费
开发成本	2	前期工作费用	主要包括规划及设计费、水文地质勘探费、可行性研究费用、"三通一平"等土地开发费用
	3	建筑安装工程费用	指直接用于建安工程建设的总成本费用。主要包括建筑工程费(建筑、特殊装修工程费)、设备及安装工程费(给排水、电气照明、电梯、空调、燃气管道、消防、防雷、弱电等设备及安装)以及室内装修工程费等
	4	基础及市政配套	又称红线内工程费,主要包括市政配套费、道路及硬化费用、绿化费用、人防易地建设费等
开发费用	5	管理费用	办公、招待、差旅、员工工资等
	6	财务费用	贷款利息、公关费
	7	销售费用	策划、销售、推广等
	8	不可预见费	未列入预算的各项预算外开支
税费	9	两税一费	税费包括两税一费,即房地产转让(包括商品房销售)支付的营业税、城市维护建设税、教育费附加
	10	其他税费	土地增值税、印花税及房屋买卖手续费
利润	11	利润	利润=销售收入-土地成本-开发成本-开发费用-税费

二、房地产项目价格的影响因素

房地产项目价格策划是在一定的内外环境的背景下进行的,受到各种因素的影响。因此,开发商必须在对各种影响价格定位的因素进行细致分析的基础上,来进行房地产项目价格策划。影响和制约楼盘定价的因素主要包括以下几个方面。

(一)成本因素

成本是进行房地产项目定价的下限,是影响和制约房地产项目定价的重要因素。不同楼盘的地价、容积率、建筑类型、建筑材料、施工质量、销售投入等都不同程度地决定了楼盘的生产和销售成本。

(二)竞争因素

房地产商品的最高价格取决于市场需求,最低价格取决于产品成本,而在最高和最低价格的幅度内,具体价格则取决于同类竞争产品的价格水平。市场供求关系的波动、竞争者销售策略的改变、潜在竞争者的产生等都对开发商的楼盘定价产生极大的影响。

(三)产品差异

房地产产品的市场竞争在一定程度上表现为差异竞争,而差异竞争主要集中在产品的差异上。产品差异主要表现在建筑风格、景观环境、户型设计等方面。

(四)购房者的心态

购房者的心理预期、投资偏好、对产品的印象等都会对房价产生影响。例如,当市场普遍预期房价将上涨时,或者购房者对开发商的产品有着良好的印象和偏好,开发商定价自由度就大。

(五)宏观市场环境因素

1. 政策因素

政策对房地产行业的影响是显著而深远的。政府的房地产政策、货币政策以及土地政策等都会对房地产项目价格产生直接或间接的影响。例如,限购、限贷等政策的实施会抑制购房需求,从而对项目价格形成压力。

2. 经济因素

房地产是一个资金密集型的行业,房价的走势和经济走势密切相关。当经济繁荣时,人们的收入水平提高,购买力增强,从而推动房地产需求上升,项目价格相应上涨。反之,经济不景气时,需求减弱,价格可能下跌。

3. 社会因素

影响房地产项目价格的社会因素主要有政治安定状况、社会治安状况、城镇化和房地产投机等。例如,随着城镇化的推进,大量人口涌入城市,增加了对住房的需求。

三、房地产项目定价的方法

房地产项目定价的方法是房地产企业为了在目标市场上实现定价目标,而给项目制订的一个基本价格或浮动范围的方法。虽然影响项目的价格因素很多,但是企业在制订价格时主要考虑项目的成本、市场需求和竞争情况,因此房地产项目的定价通常有成本导向定价、需求导向定价和竞争导向定价三种方法。

(一) 成本导向定价法

成本导向定价法是以成本为中心,按卖方意图定价的方法。其基本思路是:在定价时,首先考虑收回企业在生产经营中投入的全部成本,然后加上一定的利润。成本导向定价主要由成本加成定价法、目标收益定价法和盈亏平衡定价法三种方法构成。

1. 成本加成定价法

成本加成定价法是一种最简单的定价方法,就是在单位产品成本的基础上,加上一定比例的预期利润(成数)作为产品的售价。其计算公式为

$$单位产品价格 = 单位产品成本 \times (1 + 加成率)$$

式中,加成率为预期利润占成本的比例。

成本加成定价法的优点是计算方便,因为确定成本要比确定需求容易得多,定价时着眼于成本,企业可以简化定价工作,也不必经常依据需求情况而作调整。在市场环境诸因素基本稳定的情况下,采用这种方法可保证房地产企业获得正常的利润。

2. 目标收益定价法

目标收益定价法又称目标利润定价法或投资收益率定价法,是在成本的基础上,按照目标收益率的高低计算售价的方法。其计算步骤如下。

(1) 确定目标收益率。目标收益率可表现为投资收益率、成本利润率、销售利润率、资金利润率等。

(2) 确定目标利润。由于(1)中目标收益率表现形式不同,所以目标利润的计算也不同。

其计算公式为

$$目标利润 = 总投资额 \times 投资收益率$$

$$目标利润 = 总成本 \times 成本利润率$$

$$目标利润 = 销售收入 \times 销售利润率$$

$$目标利润 = 资金评价占用额 \times 资金利润率$$

(3) 计算售价。其计算公式为

$$售价 = \frac{总成本 + 目标利润}{预计销售量}$$

目标收益定价法的优点是可以保证企业既定目标利润的实现。这种方法一般适合用于在市场上具有一定影响力的企业,市场占有率较高或具有垄断性质的企业。

3. 盈亏平衡定价法

盈亏平衡定价法是以平衡点为基础制订产品的价格,科学地预测销量和已知固定成本、变动成本是定价的前提。其计算公式为

$$单位产品价格 = \frac{开发成本}{盈亏平衡点销售量}$$

$$单位产品价格 = 单位固定成本 + 单位变动成本$$

该方法确定的价格只能使企业的开放成本得以补偿,而不能获得收益。因而这种方法只有在企业遇到困难或者市场竞争特别激烈,为避免更大的损失,将保本作为定价目标时才可使用。

(二) 需求导向定价法

需求导向定价是指以需求为中心,依据买方对产品价值的理解和需求强度来定价,而非依据卖方的成本定价。需求导向定价根据市场需求变化情况,在一定的幅度内变动价格,以致同一商品可以按两种或两种以上价格销售。它要求确定消费者对于各种不同的产品感受的价值是多少,然而这很难衡量,而且费时费力。其主要方法是理解价值定价法和区分需求定价法。

1. 理解价值定价法

理解价值定价法又称感受价值定价法、认知价值定价法,是以消费者对商品价值的感受及理解程度作为定价的基本依据。基本指导思想是认为决定商品价格的关键因素是消费者对商品价值的认识水平,而非卖方的成本,其定价的基本步骤如图 4-21 所示。

图 4-21 理解价值定价法的步骤

理解价值定价法的关键是准确地掌握消费者对商品价值的认知程度。因此必须经过周密的市场调查,了解顾客的需求偏好,反复向消费者宣传产品的性能、用途、质量、品牌、服务等内容,以形成较为准确的产品价值观念。

2. 区分需求定价法

区分需求定价法又称差别定价法,是指某一产品可根据不同需求强度、不同购买力、不同购买地点和不同购买时间等因素,采取不同的售价。区分需求定价法的四种主要形式包括用户差别定价法、产品差别定价法、时间差异定价法以及地点差异定价法。

1) 用户差别定价法

基于客户的特性或购买行为,对同一产品或服务制订不同的价格。例如,开发商针对首次购房者和多次购房者的不同需求,提供不同的优惠政策,首次购房者可能享受首付比例降低或贷款利率优惠,而多次购房者可能享有更多的折扣或增值服务。

2) 产品差别定价法

根据产品的不同特性、质量或功能,制订不同的价格。例如,在同一楼盘中,开发商可能推出不同类型的住宅,如公寓、别墅或联排别墅,并基于其面积、设计、装修标准等因素设定不同的价格,豪华别墅的价格自然高于普通公寓。

3) 时间差异定价法

根据产品或服务在不同时间点的需求变化,调整价格。例如,在房地产市场淡季时,开发商可能通过降低房价、提供优惠活动等方式吸引购房者,而在市场旺季,尤其是新盘开盘时,价格可能相对较高,以充分利用市场热度。

4）地点差异定价法

根据产品或服务在不同地点的需求差异，制订不同的价格，即使在同一个城市，不同区域的房价也可能存在显著差异。例如，市中心的房价通常高于郊区，海景房、山景房等具有独特地理位置的房产价格也往往更高。

（三）竞争导向定价法

竞争导向定价法是以竞争者的价格为基础，根据竞争双方的力量等情况，制订较竞争者价格低、高或相同的定价方法。当本企业所开发的项目在市场上有较多的竞争者时，适宜采用竞争导向定价确定楼盘售价。竞争导向定价包括随行就市定价法、直接竞争定价法和市场比较定价法。

1. 随行就市定价法

随行就市定价法就是企业按照行业的平均价格水平来制订自己产品的价格。一般来说，在基于企业开发的产品特色不强，成本预测比较困难，竞争对手不确定，以及企业希望得到一种公平的报酬和不愿打乱市场现有正常次序的情况下，这种定价方法较为行之有效。

随行就市定价法是一种比较稳妥的定价方法，在房地产业应用比较普遍，可以避免因硬性竞争造成的两败俱伤，比较受一些中、小房地产企业的欢迎。

2. 直接竞争定价法

直接竞争定价法是以房地产企业所处的行业地位和竞争定位为依据确定价格的一种方法。

依据对竞争对手的深入剖析，灵活确定定价策略：是略低于、高于还是与竞品保持一致。若本开发商实力雄厚，开发规模宏大，成本控制得当，但产品特色不够鲜明，可以采取低价策略，低于竞品价格，以此排挤竞争对手，迅速提升市场占有率。相反，若产品独具特色，卖点丰富，且成本相对较高，则可以选择高于竞品的价格发售，借此提升产品档次，避开直接竞争，吸引不同层次的消费者群体。若出于市场策略考虑必须与竞品制订相同的价格，则应着重挖掘服务优势，创造独特卖点，以最小化正面竞争带来的潜在损害。

3. 市场比较定价法

市场比较定价法是房地产估价常用的方法，是指将估价对象与估价时点近期有过交易的类似项目进行比较，对这些类似项目的已知价格作适当的修正，以此估算估价对象的客观合理价格。市场比较法的核心在于同相似项目进行比较，并参考相似项目价格进行定价，考虑到了竞争的因素，且引入了定量分析，分析结果较科学，因此在新开房地产项目定价时，常使用这种方法来制订楼盘整体均价和各楼栋均价。市场比较法定价的步骤如图 4-22 所示。

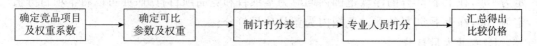

图 4-22 市场比较法定价的步骤

1)确定竞品项目及权重系数

由于房地产产品所独具的地域性特点,在竞品项目选择时,应重点关注区域内同质项目,同时以外围区域同质项目作为补充参照对象。确定了比较竞品项目后,结合实地调研和专家意见,确定各竞品项目的权重系数,一般总权重值为 1 或 100%,影响度越大,权重越大。

2)确定可比参数及权重

可比参数是指本项目与竞品进行详细对比的具体因素,影响楼盘价格的因素有很多,如地理位置、建筑设计、配套设施、周边环境、市场需求和竞争情况等,具体因素的选择视情况而定。确定可比参数后,按影响因素重要性及影响力的高低,确定各个因素的权重,各因素权重值之和同样为 1 或 100%。

3)制订打分表

根据确定的竞品项目、可比参数和权重,制订打分表。表 4-4 为市场比较法定价的打分表示例。

表 4-4 市场比较法定价的打分表示例

可 比 参 数		权数/%	竞品项目 B	竞品项目 C	……	项目
区域因素 (65%)	地段区位	15				
	周边配套	10				
	交通因素	5				
	自然环境	10				
	景观因素	15				
	区域发展	10				
项目因素 (35%)	项目规模	5				
	建筑规划	5				
	户型规划	10				
	园林设计	5				
	社区配套	5				
	物业管理	5				

在进行正式打分之前,为了保证数据的一致性,还要统一打分标准。统一打分标准主要是指明确打分取值区间和打分方式,具体打分标准没有明确规定,统一即可。如可以直接指定打分取值区间为 0~10、-5~5 等,为本项目和竞品项目同时打分;也可以将基数定为 100,在上下 50% 的浮动范围内同时为本项目和竞品项目打分;亦可以将本项目分值定为 100,在上下 50% 的浮动范围内为竞品项目打分。

4)专业人员打分

专业人员打分是市场比较法定价的核心环节,分值的高低直接影响定价的高低,因此要求打分人员必须要对各项目有非常全面的了解,通常可以邀请熟悉各项目的公司及业内人士进行打分。注意打分人员越多,越能排除打分人员的主观因素,但是实际操作时,同时熟悉各项目的专业人员并不好找,不熟悉的人员参与打分反倒适得其反,因此打分人员的数量要视具体情况而定。

5)汇总得出比较价格

为了尽量减少专业人员主观影响带来的不确定性,在求均值的时候去除了最高分和最低分,那么利用如下公式可计算各竞品项目的比较得分:

$$C = \sum W_i \times F_i = W_1 \times F_1 + W_2 \times F_2 + \cdots + W_n \times F_n$$

式中,C 为比较得分;n 为可比参数个数;W_i 为可比参数权重;F_i 为各因素平均分值。

得出竞品项目的比较得分后,结合各竞品项目的交易均价,得出本案与各项目的比较均价,再结合第一步中确定的竞品项目的权重系数,即可得出本案的市场比较价格。

微课:市场比较法定价

四、房地产项目定价的程序

(一)收集整理市场信息及房地产项目资料

收集房地产项目所在城市、区域,尤其是标的物附近同档次房地产项目的资料,其中包括房地产项目位置、区域与个别因素、房屋装修、均价、单元价等内容。同时,在企业内部整理房地产项目开发过程中的各种费用数据。

(二)估计成本和需求

准确估计房地产项目的各项建造成本、销售费用、管理费用以及筹资费用,这是房地产项目定价的下限。就地产市场而言,期房的定价比现房定价更为复杂。估计项目的需求是对项目在不同价格水平下,消费者可能产生的需求变动。通过对消费者需求量变动的估计可以大致确定楼盘的价格水平,确保楼盘得到最大限度的利润。

(三)分析竞争对手

分析本项目和竞争者之间项目差异程度,了解不同项目的不同特征对价格的影响,并进行初步的量化分析,找出本楼盘在产品性质、特征上的优势,根据竞争者的价格确定适合自己的价格水平。

(四)选择房地产项目定价的目标与基本方法

依据楼盘的定位、开发商自身的经济实力,结合竞争环境,确定合理的定价目标,根据定价目标确定应拟采用的定价方法。

(五)决定房地产项目的平均单价

房地产项目定价需首先确定其整体价格水准,也就是一般所俗称的"平均单价"。虽然开发商在开发土地之时,通常会预估一个单价水准,但到了真正公开销售之前常常由于市场竞争、时机差异、产品规划及开盘目标等因素之影响,有必要再确定"平均单价"水准,以作为细部价格制订的依据。

（六）确定各期、各栋的平均单价

平均单价确定后，根据项目的分期、分栋情况，结合各期、各栋的差异因素及程度，依此确定各期、各栋的平均单价。

（七）确定楼层垂直价差

垂直价差，顾名思义主要是指楼层高度之不同所产生的价格上的差异，通常以每平方米的单价差额来表示。一般在制订垂直价差时，常会先确定一个基准楼层，使基准楼层的单价等于该栋建筑的平均单价，然后评估其他楼层与该基准楼层之间价格差异的程度，从而确定各楼层的相对价格，并使各楼层相对价格的总和等于零。楼层垂直价差的影响因素有楼层数、市场状况、均价水平、客户购房习性等。

（八）确定水平价差

水平价差是指同一楼层中不同户型之间的价格差异，通常以每平方米的单价差额来表示。通常是依据各楼层的平均垂直价格，评估同一楼层之间朝向、采光、私密性、格局等因素之优劣程度，确定同层平面中各户的单价，但同一楼层各户单价之平均值要与原定平均单价相符。水平价差的影响因素有朝向、采光、私密性、景观和格局等。

（九）生成价格表

经过了上面所述的八个步骤，可逐步制订出"一房一价"的价目表。

（十）确定付款方式

付款方式包括一次性付款、商业贷款、公积金贷款、分批次付款、混合贷款等。

五、房地产项目的价格策略

（一）房地产项目定价策略

1. 新产品定价策略

根据房地产企业的主要定价目标，新开房地产项目的定价策略一般可分为低价策略、高价策略、中价策略三种。

（1）低价策略是指新开楼盘以低于市场行情的价格销售。

（2）高价策略是指楼盘开盘时以高于市场行情的价格销售。

（3）中价策略是指楼盘开盘时以市场行情的价格销售。

2. 整体销售过程定价策略

房地产项目的销售周期相对较长，市场环境和消费者需求又不断变化，因此房地产销售需根据实际情况不断调整价格策略。根据价格前后的变化情况，房地产项目整体销售过程的定价策略由低开高走、高开低走和稳定价格策略三种。

（1）低开高走定价策略，是指根据项目的施工进度和销售进展情况，每到一个调价时点，就按预先确定的幅度有计划地调高一次售价的策略。

（2）高开低走定价策略，是指开发商在项目上市初期，以高价开盘销售，迅速从市场上获取丰厚的利润，然后逐步降价，力求尽快回资金。

（3）稳定价格策略，是指在整个发售期间，楼盘的售价始终保持相对稳定，既不大幅度提价,也不大幅度降价。对于开发规模较小,以及房地产市场状况稳定的区域,宜采取稳定价格策略。

3. 时点定价策略

在整个项目销售过程中,开发商往往会根据不同的销售状况,在不同的销售时点上采用不同的销售技巧,以促成价格策略的顺利推行和价格的最终实现。

(1) 折让定价策略,主要有现金折扣策略、数量折扣策略、季节折扣策略和职能折扣策略。

(2) 心理定价策略,主要有尾数定价策略、整数定价策略、声望定价策略和组合定价策略。

(3) 差别定价策略,主要有根据同一楼盘中不同单元的差异制订不同价格、对不同的消费群体定不同的价格、对不同用途的商品房定不同的价格。

(二) 房地产项目价格调整策略

1. 房地产项目价格调整方式

1) 直接的价格调整

(1) 基价调整。基价调整就是对一栋楼的计算价格进行上调或下调。这种方式意味着所有产品价格一起参与调整,每套房屋价格的调整方向和幅度都一致,是对市场总体趋势的统一应对。

(2) 价差系数调整。价差系数调整是将原先制订的价差体系进行修正,以适应市场对不同产品需求的强弱反映。价差系数可以包括楼宇价差、单元垂直价差和单元水平价差等。例如,将销售状况好的单元调高系数,将销售状况不好的单元调低系数。

2) 间接的价格调整

间接的价格调整策略是房地产开发商在调整房价时采用的一种较为隐蔽和灵活的方式。这种策略不直接改变产品的标价,而是通过改变付款方式、提供优惠折扣或增加附加值服务等方式,间接影响购房者的实际支付成本,从而实现价格的调整。

具体来说,间接价格调整策略可以包括以下三种方式。

(1) 调整付款方式。开发商可以提供多种付款方案,如调整付款时间、付款比例、付款利息等,以吸引不同经济状况的购房者。

(2) 提供优惠折扣。开发商可以根据市场情况,推出各种优惠活动,如限时折扣、团购优惠或老客户带新客户优惠等。

(3) 增加附加值服务。开发商可以通过提供额外的服务或设施,如赠送装修、赠送家电或提供物业管理服务等来增加项目的附加值。

2. 房地产项目价格调整时机

房地产项目价格调整时机常根据工程进度和销售进度来确定。

1) 工程进度方面

(1) 开盘阶段。当项目开盘时,开发商会根据市场反馈和预售情况,对价格进行初步调整。如果市场反应热烈,需求旺盛,开发商可能会适当提高价格;反之,如果市场反应平淡,开发商可能会考虑维持原价或略作降价以吸引客户。

(2) 封顶阶段。项目封顶标志着主体结构已经完成,此时项目的风险大大降低,开发商可以根据项目的实际情况和市场反馈,适度提高价格,以反映项目价值的提升。

(3)竣工阶段。竣工时,项目品质、配套设施等完全呈现,开发商会根据实际品质和市场反馈进行最后的价格调整。

2)销售进度方面

(1)销售初期。开发商会根据市场情况和项目定位制订初步价格策略。随着销售推进,如果销售情况良好,需求超过预期,开发商可能会逐步提高价格;反之,若销售不佳,则可能需要考虑降价促销。

(2)销售中后期。开发商会根据剩余房源的数量和类型,以及市场需求的变化,对价格进行策略性调整。对于热销户型和楼层,开发商可能会适当提高价格;如果剩余房源较多的户型和楼层,开发商可能需要通过降价或提供更多优惠措施来刺激销售。

案例 4-1

Z 房地产项目的价格策略

在项目营销过程中,价格因素起着重要的作用。定价的高低关系项目利润的多少,决定销售成功与否。

一、总体定价策略

从房地产企业定价主要目的来看,房地产企业总体的定价策略一般可分为低价策略、高价策略、中价策略。综合考虑 Z 项目地处开发新区实际状况,以及目标客层对总低价的需求和项目定位分析,为了迅速打开销路,项目组决定采用中等价位策略。

二、营销过程定价策略

在实际销售中,市场营销环境可能相当复杂多变,房地产企业往往需要在确定总体定价策略后,根据实际情况确定从预售开始到售完为止的全营销过程的营销策略。定价策略通常有低开高走、高开低走、稳定价格三种策略。Z 策划项目组分析了各自的特点。

(一)低开高走定价策略

低开高走定价策略就是随施工建筑物的成形和不断接近竣工,根据销售进展情况,每到一个调价时点,按预先确定的幅度调高一次售价的策略,也就是价格有计划地定期提高的定价策略。这种策略是较常见的定价策略。这种定价策略多用于期房。

1. 优点

(1)低价开盘吸引客户,便于快速成交,这不但意味着企业创利的开始,而且能鼓舞士气,促进良性循环。

(2)每次调价能造成房地产增值的假象,给前期购房者以信心,从而能进一步形成人气,刺激有购房动机者的购买欲,促使其产生立即购房的想法。

(3)低价开盘,价格的主动权在开发商手里,便于日后的价格控制。

(4)成交带来资金流入,便于内部周转,加速资金回笼。

2. 缺点

(1)首期利润不高。

(2)楼盘形象难以提升。

（3）适用于项目产品的均好性不强、特色不明显，或楼盘的开发量相对过大，或绝对单价过高，超出当地主流购房价格，或市场竞争激烈、类似产品过多等情况。

（二）高开低走定价策略

高开低走定价策略类似"吸脂定价策略"，正如将一锅牛奶中的油脂（精华）部分一下子撇走的做法。其目的是开发商在新开发的楼盘上市初期，以高价开盘销售，迅速从市场上获取丰厚的营销利润，然后降低销售，力求尽快将投资全部收回。

1. 优点

（1）便于获取最大的利润。

（2）便于树立楼盘品牌，创造企业无形资产。

2. 缺点

（1）若价位偏离当地主流价位，则资金周转相对缓慢。

（2）日后的价格直接调控余地少。

（三）稳定价格策略

稳定价格策略是指在整个营销期间，楼盘的售价始终保持相对稳定，既不大幅提价，也不大幅度降价。

经过Z项目组的讨论，综合考虑周边楼盘竞争激烈、外来开发商等因素，决定采用"低开高走"的策略。在先期以低价打开市场、形成人气后，借助楼盘的品质和区位优势，不断提高价格。当然提价策略必须有产品策略的配合，即高价需要理由，因此早期推出景观位置一般的楼栋实行低价，建议第一期入市价格定在 6600 元/m^2 左右，接着再推出紧邻公园、景观位置好的楼栋实行调价政策，价格可调至 7000 元/m^2 左右。具体价格的走势应根据项目的实际销售状况并配合销售周期进行合理调整。

低开高走价格策略的运用关键，是掌握好调价频率和调价幅度，以小幅多次调高价格为宜，这样开发商可以很好掌握市场控制主动权。倘若低价开盘后，价格调控不力，出现单价升幅过大，或者升幅节奏过快等情况，都可能对后续到来的客户造成一种阻挡，从而造成销售呆滞的局面，不但让原先设定利润落空，而且会抵消已经取得的销售佳绩。一般每次涨幅在 3% 左右，且调价新近几天，可配以适当折扣策略，作为价格局部过渡，有新生客源流时，再撤销折扣。同时提价后要加大对已经购买的业主的宣传，让其知晓所购物业已经升值，且向亲戚朋友宣传，起到口头传播的作用，从而造成项目升值不断的销售气氛。提价不仅要精心策划，还要高度保密，才能收到出奇制胜的效果。

能力训练

1. 各小组分工协作，通过网络调研，收集采用市场比较法定价的楼盘案例，分析其竞品项目的选择和权重分配、可比参数及权重分配、打分规则设计和比较价格计算，制作PPT形式的分析报告。

2. 各小组分工协作，调研任一竞品楼盘，对其开盘或加推前后价格调整情况、不同楼层的价差、付款方式优惠等进行分析，制作PPT形式的分析报告。

任务三　房地产项目包装策划

任务目标

1. 熟悉分阶段包装策划的内容。
2. 掌握售楼处分区包装策划内容。
3. 了解样板房和其他重要物料包装策划。
4. 能协助进行房地产项目包装策划。
5. 提升学生的沟通协调能力和团队合作能力。

任务背景

俗话说"人靠衣装马靠鞍",好的房地产项目除了需要具备过硬的品质,同样离不开精心的包装。完成了项目的产品策划和价格策划,策划组开始着手项目的包装策划,力图通过对项目外在形象的打造,凸显项目的独特魅力和核心价值,提升项目的整体形象,增强客户的购买信心和欲望。为了协助策划者完成项目的包装策划任务,方圆需要弄清楚项目开发的不同阶段都需要做哪些包装?售楼处如何进行包装规划?有哪些宣传物料需要准备?带着这些问题方圆又踏上了学习之旅。

知识准备

房地产项目包装策划,是一项集专业设计与策划智慧于一体的综合性工作。它旨在通过全面而细致的包装手段,为项目打造出独特的品牌形象,进而提升其市场吸引力和竞争力。这一策划过程涵盖项目定位、品牌塑造、现场环境营造以及媒体宣传等多个关键环节。鉴于项目定位、品牌塑造及媒体宣传等内容已有专门章节详尽阐述,本任务将聚焦于销售现场环境营造进行探讨。

一、分阶段包装策划

房地产项目的包装策划涵盖了从项目启动到竣工交付的整个过程,旨在通过精心策划与布置,营造出独特而吸引人的现场氛围。房地产项目开发的不同阶段,包装策划的重点不同,每个阶段都有其特定的目标和策略。

（一）前期准备阶段

这一阶段通常是在项目正式启动之前,主要进行项目策划、市场调研、资金筹集、团队组建等工作。在前期准备阶段,现场包装策划重点在于项目分析与定位、品牌策略制订以及现场环境规划。

1. 项目分析与定位

通过对房地产项目所在区域的市场环境、竞争对手、目标客群等进行深入分析,明确项目的市场定位和发展方向。这有助于确定项目的核心优势，为后续的品牌策略制订和现场环境规划提供有力支撑。

2. 品牌策略制订

根据项目的定位和目标客群，为项目设计独特的品牌标识、宣传语和视觉形象。同时，确定品牌传播渠道以及品牌活动等内容。品牌策略的制订应紧密结合项目的特点和市场需求，力求在市场中树立独特的品牌形象，提升项目的知名度和美誉度。

3. 现场环境规划

根据品牌策略和市场定位，规划现场环境的整体布局和风格，主要包括在入口处设置醒目的精神堡垒、指示牌和宣传展板、在工地四周布置精美的外墙广告（工地围挡）、在售楼处楼顶布置发光字或者广告牌等。图 4-23 为某房地产项目的精神堡垒实例，图 4-24 为某房地产项目的楼顶发光字实例。

图 4-23　某房地产项目的精神堡垒实例　　图 4-24　某房地产项目的楼顶发光字实例

（二）现场布置与装饰阶段

这一阶段通常是在项目开始预售或开放展示区之前。此阶段的工作重点在于设置展示区、布置沙盘模型、摆放宣传资料等，同时还会注重现场的装饰和氛围营造，让客户能够直观地了解项目的特点和优势。

1. 精心打造展示区域

设置多个展示区，分别展示项目的不同物业形态和特色，通过设计并布置各种展示元素，确保展示区域布局合理、流畅，能够充分展示项目的特点和优势。主要打造的区域包括售楼处、样板房、看房通道等。例如，在售楼处布置沙盘模型、区位模型、户型模型、道旗、宣传资料等。

2. 营造独特的氛围

利用灯光、音乐、香氛等手段，营造出温馨、舒适、高雅的参观氛围。在照明方面，采用柔和的灯光和局部聚光，突出展示区的重点和特色；在音乐方面，选择轻松愉悦的背景音乐，营造舒适的参观环境；在香氛方面，使用淡雅的香气，提升客户的感官体验。

3. 注重细节处理

在展示区的布置上，注重色彩搭配和材质选择，营造出和谐统一的视觉效果；在宣传资料的设计上,注重内容精练和版面美观,方便客户快速了解项目信息;在工作人员的服务上,注重礼貌待人和专业解答,提升客户的满意度和信任度。

(三)销售与活动推广阶段

这一阶段贯穿整个项目的销售周期,从预售开始直至项目售罄。此现场包装策划的重点在于销售道具制作、活动策划与执行以及销售氛围营造。

1. 制作销售道具

销售道具制作是销售与活动推广阶段的基础工作。通过制作精美的户型图、折页、海报等销售道具,向客户传递项目的核心信息和优势。销售道具的设计应简洁明了、重点突出,能够迅速吸引客户的注意力并激发他们的购买欲望。

2. 策划丰富的活动

根据项目的特点和市场需求,策划举办各类现场活动,如品鉴会、开放日、亲子活动等。这些活动不仅能够吸引潜在客户的关注,还能够提升项目的知名度和美誉度。同时,要注重活动的组织和执行,确保活动能够顺利进行并取得预期效果。

3. 营造销售氛围

通过悬挂横幅、摆放鲜花、播放音乐等手段,营造出热烈、喜庆的销售氛围。同时,要注重销售人员的培训和管理,提升他们的专业素养和服务水平,使客户能够在愉快的氛围中完成购房决策。

(四)后期维护与更新阶段

此阶段是在项目销售完成后,即大部分房屋已售出并交付给业主,现场包装策划的重点在于保持现场环境的整洁美观和及时更新展示内容。

1. 定期进行现场维护

对展示区的设施、装饰等进行定期检查和维护,确保其处于最佳状态。同时,要注重现场环境的清洁和卫生,保持现场环境的整洁美观。

2. 及时更新展示内容

随着项目的销售进度和市场变化,要及时更新展示区的户型图、价格信息等内容,确保客户能够获取到最新的项目信息。同时,要根据市场趋势和客户需求的变化,调整展示区的布置和装饰风格,使其始终保持吸引力和竞争力。

二、销售场所的包装策划

(一)售楼处包装策划

1. 售楼处的作用

1)售楼处是项目信息的展示场所

售楼处是开发商展示楼盘形象、实力和品牌的窗口,尤其对于期房,项目的开发商品牌、区位、沙盘、户型等信息可以通过售楼处集中展示。

2)售楼处是传递项目价值的载体

在看不到现房以前,消费者把售楼处作为检验项目工程质量、物业管理水平、开发商实力的一个重要场所。

微课:售楼处
包装策划

3）售楼处是促进销售成交的工具

设计优秀、形体独特的售楼处，对于吸引路过客户进入和客户口碑的二次传播，具有很强大、很现实的拉动作用。

2. 售楼处的选址

从选址来看，售楼处主要有现场售楼处和外场售楼处两种。

1）现场售楼处

现场售楼处可分为永久售楼处和临建售楼处。

永久售楼处是售楼处选址最常用的形式，通常以小区的会所、酒店、办公楼、商场、临街商业裙房、架空层、学校等永久性建筑空间作为售楼处。

临建售楼处适用于小区内没有合适的位置，周边荒凉，没有其他建筑可用的情况。临建售楼处选址一般会租用项目旁边的空地建造，或在项目中后期开发的土地上建造，由于使用后要拆除，建筑外形式上比较简单。

2）外场售楼处

外场售楼处一般分为门市售楼处和宾馆售楼处，租借项目周边或市区的门市或宾馆酒店作为接待中心。外场售楼处适用于项目现场施工或项目所在地与目标客户群相距远等情况，这种形式比较多见。例如，位于常州西太湖的某项目，将临时售楼处设在武宜路与广电西路交汇处。

3. 售楼处的功能分区

从功能来看，售楼处可以分为三大功能区：核心功能区、提升功能区和辅助功能区，如图 4-25 所示。

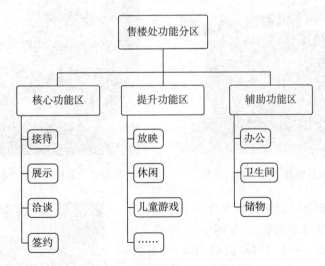

图 4-25 售楼处的主要功能区

1）核心功能区

核心功能区的主要功能是指接待、展示、洽谈和签约。

(1) 接待区。接待区主要是指控台，一般需要布置在离入口处较近，方便业务员看到往来客户的位置。在接待区可以通过背景板、天花造型、灯光处理等手法营造视觉焦点，也可以放置一些装饰品，增加视觉美感和烘托前台气氛，如图4-26所示。

（2）展示区。展示区应邻近洽谈区，分功能不分区域，方便售楼人员为客户随时解说，主要有模型展示、区域展示、户型展示、材料展示和展板展示。

模型展示应当精致考究，与周边环境相协调，应设置灯光效果，如图4-27所示。

图4-26　某售楼处的接待区实例

图4-27　某售楼处的模型展示实例

区域展示应设置在模型台边的墙面上，方便讲解员与客户讲解分析，并设置灯光效果，如图4-28所示。

户型展示展示正在销售的户型，让客户直观感受，按照正常人体高度，一般把户型模型设置在1~1.4m的高度比较合适，如图4-29所示。

图4-28　某售楼处的区域展示实例

图4-29　某售楼处的户型展示实例

材料展示主要是对建筑材料和施工工序的展示，看不见的部位应进行剖面展示，如图4-30所示。

展板展示可做一些广告板、效果图等，充分展示项目形象；也可添加一个项目周边环境不利因素提示性看板，客观理性的告知客户项目存在的不利因素，展现品牌开发商、品牌楼盘的大家风范，如图4-31所示。

（3）洽谈区。签约区应面积舒适、宽敞明亮、氛

图4-30　某售楼处的材料展示实例

围轻松，一般做成敞开式，少部分私密空间。洽谈区内或附近设置水吧，方便及时为客户提供饮料、茶点，如图 4-32 所示。

图 4-31　某售楼处的展板展示实例　　　　图 4-32　某售楼处的洽谈区实例

（4）签约区。签约区选择靠近财务区，缩短客户犹豫的时间，不会节外生枝。要保持一定的私密性，可隔成独立的小房间，以保护客户的隐私。签约区家具以较为正式的桌椅为宜，可配沙发。

2）提升功能区

提升功能区可根据售楼处的空间大小有选择地设置放映、休闲和儿童游戏区。

（1）放映区。放映区一般放置大屏幕彩电或其他高品质放映设备，主要播放项目基本情况，在展厅内播放高质素录影带。通过 3D 动画展示小区的规划、周边配套、小区景观以及未来的生活空间等。

（2）休闲区。休闲区可设置如茶艺表演、名车展示、音乐表演区等，体现了项目的文化及品位档次。

（3）儿童游戏区。儿童游戏区与休闲区相邻或融为一体，供来访客户跟随的儿童游乐，体现售楼处对业主的关心，也表明小区对下一代教育的关注。

3）辅助功能区

辅助功能区一般设置办公区、储物间、更衣室和卫生间。

（1）办公区是为现场办公的公司领导、财务、销售人员等现场工作人员设置的，设计时一般设置较为隐蔽，通常设置在售楼处的二楼。

（2）储物间、更衣室等内部人员使用的空间一般设置在隐蔽区域。

（3）卫生间内要保持干净、整洁、气味宜人，细节处设置人性化的清洁及梳妆设施。

（二）样板房包装策划

1. 样板房的选择要点

开发商在选择建设哪些样板房以及它们的位置时，需要综合考虑市场需求、项目定位、客户体验以及成本效益等多个因素，通常会遵循以下几个原则。

（1）选择主力户型或主推户型。

（2）设在朝向、视野和环境较好的位置。

（3）设在可以方便由售楼处到达的位置。

（4）对于多层建筑，样板房宜设在一楼或低楼层，这样便于客户参观和了解户型的实际情况。而对于高层建筑，样板房宜设在2或3层，如果有电梯也可以考虑设在尽可能高的楼层，以便能够展示高层户型的视野和景观优势。

（5）如果项目无条件在实体楼内设置样板房，开发商可以考虑在售楼处或旁边搭建临时样板房。

2. 样板房的装修重点

样板房装修的重点包括空间规划与布局、装修风格与氛围营造、细节处理与品质展现以及环保与健康等方面。

（1）空间规划与布局是样板房装修的首要任务。合理的空间规划可以最大化地利用房屋面积，确保每个区域的功能性和舒适性。设计师需要充分考虑居住者的生活需求和习惯，合理规划卧室、客厅、餐厅、厨房、卫生间等功能区域，使空间布局既实用又美观。

（2）装修风格与氛围营造是关键。样板房作为展示项目品质的窗口，其装修风格需要与项目的整体定位和品牌形象相契合。设计师需要根据项目的特点选择适合的装修风格，如现代简约、中式古典、欧式豪华等，并通过色彩搭配、材质选择、家具摆放等手段，营造出舒适、温馨、高端的居住氛围。

（3）细节处理与品质展现同样重要。样板房需要展现出项目的品质感和细节处理的能力。在装修过程中，要注重细节方面的把控，如墙面涂料的选择、地面材料的铺设、门窗的开关方式等，都要体现出项目的专业和用心。同时，精致的装饰品、舒适的家具、智能化实用的家居家电、温馨提示牌等，也可以为样板房增添亮点，提升整体品质感。

（4）注重环保与健康也是样板房装修不可忽视的方面。在选择装修材料和家具时，要优先考虑环保性能，确保室内空气质量和居住者的健康。同时，也要关注装修过程中的噪声、灰尘等污染问题，采取有效的措施进行控制和治理。

拓展阅读4-1
关于加强常州市市区新建成品住房销售管理工作的通知

（三）其他重要物料包装策划

1. 楼书

楼书作为房地产开发商推销房屋的重要工具，其内容丰富多样，旨在全面展示项目的优势和特点。楼书主要分为形象楼书和功能楼书两种类型，它们各自有着独特的内容和呈现方式。

1）形象楼书

形象楼书，顾名思义，主要侧重于展示项目的整体形象和气质。它通常通过精美的图片、生动的文字以及巧妙的排版，将项目的独特魅力、高品质感以及优越的地理位置、环境等展现得淋漓尽致。形象楼书的目的在于树立项目的调性，圈定目标客群，让购房者对项目产生一种向往和认同感。这种楼书往往更注重感性和情感化的表达，通过描绘一种理想的生活方式，激发购房者的购买欲望。形象楼书内容通常包括以下七个部分：①建筑风格；②环境；③开发商、建筑设计、景观设计等公司的品牌实力；④会所等配套；⑤位置图（一般设于封底）；⑥有关公司名称、电话；⑦免责条款。如图4-33所示。

2）功能楼书

功能楼书则更注重于对项目的功能性方面进行详细介绍。它涵盖了项目的各个方面，包括户型设计、装修标准、配套设施、交通状况、周边环境等。功能楼书通过翔实的数

图 4-33 某房地产项目形象楼书实例

据、专业的分析和直观的图表,为购房者提供了一份全面的购房指南。它的目的在于让购房者更加深入地了解项目的特点和优势,从而作出更加明智的购房决策。

2. 户型图

户型图是开发商为了向购房者展示房屋的结构和布局而制作的销售物料,它详细地描绘了房屋的空间分布、房间数量、功能区域划分以及各个房间的大小和相对位置。通过户型图,购房者可以一目了然地了解到房屋的整体结构和设计特点。

户型图是在家配图的基础上进行设计,一般设计成单页或折页,比楼书或折页尺寸略小,方便夹在销讲夹、楼书或折页中。所谓家配图,是指在户型图的基础上,加入了家具、电器、装饰物等元素的布置图,让人们能够更直观地感受到房屋的实际使用效果和居住氛围,如图 4-34、图 4-35 所示。

图 4-34 某房地产项目家配图实例　　图 4-35 某房地产项目户型图实例

3. 海报、宣传单页和折页

海报、宣传单页和折页都是常见的宣传材料,在形式、内容和用途上各有特色,可以根据不同的宣传需求和场合进行选择和使用。

（1）海报。海报通常用于大型活动或产品的宣传，具有视觉冲击力强的特点。它一般张贴在公共场所或特定区域，以吸引人们的注意力。海报的内容通常包括醒目的标题、精美的图片和简洁明了的文字说明，旨在迅速传达活动或产品的核心信息。

（2）宣传单页。宣传单页是一种更为详细的宣传材料，通常以纸张为载体，可以大量印刷并分发。它包含了更为丰富的信息，如产品介绍、服务内容、优惠活动等，旨在让受众更深入地了解宣传对象。宣传单页的设计通常注重图文并茂，以便更好地吸引受众的眼球，如图4-36所示。

图4-36　某房地产宣传单页正反面

（3）折页。折页是一种可折叠的宣传材料，它可以将多页内容折叠成一个小册子，方便携带和保存。折页的内容通常包括企业简介、产品介绍、服务流程等，旨在全面展示宣传对象的各个方面。折页的设计注重层次感和美观度，以便在有限的篇幅内传达尽可能多的信息，如图4-37所示。

图4-37　某房地产项目三折页正反面实例

> 能力训练

1. 各小组分工合作,通过线上网络调研与实地现场考察相结合的方式,深入了解某一竞品楼盘的功能布局,并绘制简易平面图。
2. 收集房地产项目宣传海报、宣传单页、折页等纸质物料若干,对其设计内容进行分析,总结共同点。

任务四　房地产项目广告策划

> 任务目标

1. 熟悉房地产项目广告策划的目标。
2. 了解房地产项目广告常见媒介的特点。
3. 掌握房地产项目广告内容设计。
4. 能协助进行房地产项目广告策划。
5. 具备社会主义法制观念和法律意识。
6. 具备一定的创新意识和创新精神。
7. 具备良好的沟通协调能力和团队合作能力。

> 任务背景

俗话说"酒香也怕巷子深"。对于房地产项目而言,广告策划和宣传至关重要。优秀的广告能吸引目标客户,提升项目知名度,助力销售业绩。因此,策划组非常重视房地产广告策划,想要借此赢得市场先机。那么如何进行房地产项目广告策划呢？在策划者领导和同事的帮助下,方圆又开始了学习和实践。

> 知识准备

一、房地产项目广告策划的目标

(一) 房地产项目广告策划的含义

房地产项目广告策划是在广泛的调查研究基础上,对房地产市场和个案进行分析,以决定广告活动的策略和广告实施计划,力求广告进程的合理化和广告效果的最大化。

房地产项目广告策划目标是指房地产广告在一定的时间内,对特定的目标消费者所要完成的沟通任务和销售目标。

(二) 不同目标下房地产项目广告的分类

房地产项目广告策划旨在实现多重核心目标,包括推动销售持续攀升、精心塑造品牌独特形象、全面传递项目核心价值,以及深化与潜在购房者的互动联系等。根据这些不同的策划目标,房地产项目广告可细分为以下四类。

1. 促销广告

促销广告是房地产项目广告中最常见的类型,其主要目的是通过各种促销手段吸引潜在购房者,刺激他们的购买欲望。这类广告通常突出项目的价格优势、优惠活动或限时折扣,强调购买该房产的即时利益。例如,"限时抢购,首付××万起"或"购房即享××折优惠"这样的广告就是典型的促销广告,通过强调价格和限时优惠来吸引购房者。

2. 形象广告

形象广告的目标是塑造和提升开发商或楼盘的品牌形象,它强调项目的品质、特色、设计理念或开发商的信誉,以建立长期的市场地位和消费者信任。这类广告注重长期效果,通过传递品牌价值观和理念,与潜在购房者建立情感连接。例如,某高端楼盘的广告可能强调其"尊贵、典雅"的品牌形象,通过展示精美的建筑外观、豪华的室内装修和一流的配套设施来吸引目标受众。

3. 观念广告

观念广告旨在倡导一种全新的生活方式或居住理念,使潜在购房者在情感上与项目产生共鸣。它通常强调项目能够带来的生活体验、社交圈子或文化价值。例如,广告强调"绿色生态居住"或"智能家居生活"等概念,通过描绘理想的生活场景,激发消费者的购买欲望。

4. 公关广告

公关广告主要通过软性广告的形式,展示开发商的社会责任感和公益活动,以树立良好的企业形象,包括发布社会责任报告、参与公益活动或举办社区文化活动等。例如,发布关于楼盘社区活动的新闻稿、参与社会公益事业的报道等,以此展现开发商的积极形象和社会责任感。

(三)房地产不同销售阶段的广告目标

鉴于消费者认知过程具有鲜明的阶段性特征,房地产项目广告在不同阶段应设定与之相匹配的诉求与目标。通过实施针对性的广告策略,不仅能够显著提升项目的知名度和市场影响力,更能确保销售业绩实现稳定且可持续的增长。表4-5是四个主要阶段的广告诉求和目标。

表4-5 房地产不同销售阶段的广告目标

销售阶段	广告诉求	广告目标	实例
导入期 (预热期)	项目的形象定位和基本情况	预告新项目上市,让客户群体知道并接受项目的主题和倡导的生活方式等,为后续的内部认购和正式销售积累潜在客户资源	家族传承,定制别墅
成长期 (强销期)	将预热期的形象推广与实际项目品质相结合,以突出项目卖点为主	说明项目与竞品的差异性,强调项目的品质、价值和服务,吸引更多的客户前来购买,进一步提升销售额	320m²别墅家家带会所 诚意预约,10万抵30万

续表

销售阶段	广告诉求	广告目标	实例
成熟期（持销期）	进行主题深化，结合优惠活动、限时抢购等方式，变换小主题吸引准客户成交	利用促销活动聚集人气，排除销售障碍，保证余房持续去化	
衰退期（尾盘期）	以朴实的宣传为主，强调实惠促销、升值和现房等进行宣传	保证较难出售产品的去化，直至清盘	

二、房地产项目广告媒介选择

（一）房地产项目广告媒介的分类

1. 传统媒体与新媒体

传统媒体主要包括报纸、杂志、广播、电视等。这些媒体具有悠久的历史和广泛的受众基础，但在传播速度、互动性和精准度方面可能有所局限。

新媒体包括互联网广告、移动媒体广告（如手机 App 广告、短信广告等）、社交媒体广告（如微信、微博、短视频等社交平台上的广告）以及数字户外广告（如 LED 显示屏、数字投影等）。新媒体具有传播速度快、互动性强、精准度高等特点，能够更好地满足现代广告的需求。

2. 印刷媒体与电子媒体

印刷媒体，如报纸、杂志、宣传册、海报等，主要通过文字和图片的形式进行信息传播。

电子媒体包括电视、广播、互联网等，利用电子信号或数字技术进行信息传播，具有更强的视觉冲击力和听觉效果。

3. 线上媒体与线下媒体

线上媒体是指互联网和移动媒体，具有传播速度快、覆盖面广、互动性强等特点。

线下媒体包括户外广告（如路牌、灯箱、地铁广告等）、印刷品广告（如报纸、杂志等）以及活动现场广告等，具有视觉冲击力强、直接面对受众等特点。

（二）常见广告媒介的特点

房地产项目广告媒介的种类繁多，每一种媒介都有其独特的特点和适用场景。以下是一些常见的房地产广告媒介及其特点。

1. 广播广告

广播广告具有覆盖广泛、传播速度快的特点，尤其适合针对特定地域或听众群体进行宣传。但广播广告的信息传递相对单一，缺乏视觉元素。

2. 电视广告

电视广告视听结合，能够生动展示房地产项目的形象和特点，吸引观众的注意力。但电视广告制作成本较高，播放时段和费用也需精心考虑。

3. 报纸和杂志

报纸和杂志的信息量大，可详细介绍房地产项目的各个方面，分硬广和软文，适合深度解读和长期保存。然而，随着数字媒体的普及，报纸和杂志的受众可能逐渐减少，如图 4-38 所示。

4. 互联网广告

互联网广告具有传播速度快、互动性强、可精准定位目标受众的特点，并能与消费者互动，但受众面受限。通过搜索引擎、社交媒体等渠道，能够实现广告的精准投放和效果跟踪，如图 4-39 所示。

图 4-38 报纸广告画面

图 4-39 互联网广告画面

5. 社交媒体

社交媒体包括微信、微博、抖音等社交媒体平台，用户基数大，信息传播迅速，可实现口碑传播和互动营销。但需要注意广告内容的创意性和吸引力，以及与受众的沟通互动。

6. 户外广告

户外广告包括广告牌、路牌、灯箱、条幅等，位置醒目，区域性、针对性、视觉冲击力强，反复诉求效果好。但户外广告牌的制作和安装成本较高，传播范围受限，且受地理位置和天气条件的影响较大，如图 4-40 所示。

7. 围墙、道旗等

具有临时性、灵活性强的特点，可根据房地产项目的不同阶段进行更换和调整。但这类广告通常面积较小，信息传递量有限，如图 4-41 所示。

（三）房地产项目广告媒介的选择

在选择房地产项目广告媒介时，需要综合考虑多个因素以确保广告能够精准、有效地触达目标受众，并提升项目的知名度和吸引力。

1. 明确目标受众

首先，了解目标受众的特征、需求和习惯至关重要。例如，如果目标受众主要是年轻人，社交媒体和在线平台可能更为合适；而对于高收入人群，报纸、杂志或高端社区的户外广告可能更为有效。

图 4-40　户外广告画面　　　　　　图 4-41　道旗广告画面

2. 评估媒介覆盖率和影响力

选择具有广泛覆盖率和较高影响力的媒介,能够最大化地接触到潜在购房者。同时,需要考虑媒介的受众群体是否与房地产项目的目标受众相匹配。

3. 分析媒介成本与预算

不同媒介的广告费用存在很大差异。根据项目的预算,选择既经济又有效的媒介组合。有时候,组合使用多种媒介,通过协同作用,可以获得更好的效果。

4. 考虑媒介的展示形式与项目特点

根据房地产项目的特点,选择适合的媒介展示形式。例如,如果项目具有独特的景观或设计,高清的图片和视频可能更适合在网站或社交媒体上展示;而如果是强调地理位置优势的项目,户外广告牌或地图标注可能更为有效。

5. 考虑媒介的创新性与互动性

在数字化时代,媒介的创新性和互动性对于吸引受众的注意力至关重要。选择能够提供新颖、有趣且互动性强的媒介,有助于增强广告的吸引力,提升受众的参与度和记忆度。

6. 监测与评估媒介效果

在广告投放后,定期监测和评估媒介的效果,包括曝光量、点击量、转化率等指标。根据实际效果,及时调整媒介策略,优化媒介组合。

三、房地产项目广告内容设计

(一) 房地产项目卖点挖掘

1. 房地产项目卖点的含义

卖点是指产品所具有的不易被竞争对手抄袭的特点,同时又是可以展示的、能够得到目标客户认同的特点。一个房地产项目要成功地推向市场就应充分将其美好的、独特的、吸引人的卖点表现出来。从上述定义可以看出,卖点必须具备三个条件:①卖点是楼盘自身优越的核心价值点,是不易被竞争对手抄袭的个性化特点;②卖点必须是能够展示和表现出来的特点;③卖点必须是能够得到目标客户认同的特点。

2. 房地产项目卖点的挖掘

房地产项目卖点挖掘，作为项目推广与销售的重中之重，是确保项目成功的关键步骤。虽然每个房地产项目都独具特色，卖点各异，但总体而言，可以从以下八个核心维度进行深入挖掘，以凸显项目的独特价值和吸引力。

1) 区位价值

区位对不同定位的居所来说，影响各有不同，但都是决定性的。有些项目的核心价值正是体现于区位之上的，尽管显而易见，却需要更具创造性地发挥。

卖点构成：繁华路段CBD概念、中心区概念、奥运村概念、地铁概念、商业地段等。

2) 自然景观与园林主题

环境作为居住空间的重要组成，与住宅一起肩负了"天人合一"的使命。拥有自然景观资源的房子，本身便构成了一道风景。

卖点构成：自然景观卖点有全海景、一线江景、园景、人工湖景、山水景观、河景、自然湖景，园林主题卖点有中心花园、主题园林、艺术园林、欧陆园林、江南园林、树木卖点、新加坡式园林、岭南园林、澳洲风情、海滨风情、热带园林等。

3) 楼盘硬件与空间价值

产品时代与营销时代似乎是一个循环，然而优质产品毕竟是决定购买行为的最终要素，楼盘的硬件价值体现于每个细节当中，开发商应从中发现最有价值的一个，并能够让客户了解它。与此同时，人们对居住空间布置的合理性与实用性的要求越来越高，开发商应以创新的户型为客户带来更大的空间价值。

卖点构成：楼盘硬件卖点有户型卖点、配套设施、交通卖点、精装修卖点、建材与配置、景观卖点、新工艺新材料、使用率卖点、楼间距卖点、会所卖点、泳池卖点、户口卖点、规划卖点、创新技术、绿化率卖点，空间价值卖点有错层卖点、跃式卖点、复式卖点及空中花园、大露台卖点等。

4) 建筑风格

建筑风格是影响住宅魅力的重要元素。建筑风格有很多种，哪些更适合，哪些更具有魅力，这些都需要着力研究。

卖点构成：徽派建筑风格、古典园林风格、德国风格、欧陆风格、法国风格、意大利风格、海派建筑风格、新加坡风格等。

5) 产品类别与原创概念

人以群分，物以类聚。某些特殊类型的产品定位，往往可以更加精确地捕捉特定的目标客户群。房地产商们为购房创造了许多概念，但也只有符合客户心理需要的概念才能赢得客户。

卖点构成：产品类别卖点有小户型物业、联排别墅（Townhouse）、产权式酒店、独立别墅、酒店式公寓、大户型物业、商务公寓、国际公寓、学院派公寓、新独院住宅，原创卖点有居住主题、新都市主义、宣言卖点、度假式概念、现代主义等。

6) 功能提升与产品嫁接

为购房者创造剩余价值，往往要通过功能提升来实现，这些价值的提升往往超越了楼盘的先天资源，但同时也对开发商的操作提出了更高的要求。功能的提升离不开对其他产品的借鉴,这种借鉴,不管是产品嫁接,还是复合地产,都将更好地激发人们对美好生活的向往。

卖点构成:功能提升卖点有健康概念、投资概念、绿色概念、环保概念、生态概念,产品嫁接卖点有教育概念、音乐概念、艺术概念、运动概念、旅游概念等。

7)居住文化与生活方式价值

不同买家对住宅品质的要求也不同。所谓好的产品,就是最适合某种类型的人的产品,不同类型的买家具有不同的生活方式和居住文化,如何为客户量身定做相应的居住氛围,是值得开发商探讨的问题。

卖点构成:居住文化卖点可分为豪宅卖点、白领卖点、单身公寓、工薪阶层、先锋人国际化社区,生活方式卖点可包括品位卖点、文脉卖点等。

8)楼盘软性与产品可感受价值

附加值是无形的,开发商在为人们提供有形的居住空间的同时,还应该为住户构筑一个无形空间。居住者对生活空间的感受是多元化的,这与人们的价值观紧密关联,在不同时代、不同地域都会有不同的侧重点。

卖点构成:楼盘软性卖点有服务卖点、物业管理,产品可感受价值卖点有口碑卖点、品质卖点、文化卖点、成熟社区、安全卖点等。

(二)房地产项目广告诉求

1. 广告诉求点的含义

广告诉求点就是广告本身要告诉给受众的内容,又称"卖点"。

房地产项目广告的诉求点是对产品卖点的高度提炼和概括,转化成消费者容易理解和记忆的信息,让消费者充分认知产品。

拓展阅读 4-2
房地产卖点提炼的十八种方法

2. 房地产项目广告诉求方式

房地产诉求方式分为理性诉求和感性诉求。

1)理性诉求

理性诉求是指通过真实、准确、公正地传达开发商或房地产项目的有关信息或带给消费者的利益,让消费者理智地做出决定。房地产产品的特殊性决定了消费者购买决策的理智性,因此,理性诉求是房地产广告诉求的基础,可以选择户型、地段、价格、环境、配套设施、升值空间等作为诉求点,如图 4-42 所示。

2)感性诉求

感性诉求与消费者购买产品和服务的心理需求有关,是通过广告中的人物或家庭购买房地产产品后得到的精神和情感收获而打动和吸引消费者。许多消费者在购买决策时是感性的,因此,开发商在发售和竞争对手并无多大差别的房地产产品时,可以采取吸引消费者情感方面的诉求方式。许多人们共同的感受和需求都可以作为广告诉求点,如亲情、成就感、尊贵感及生活品位等,如图 4-43 所示。

3. 房地产项目广告诉求的选择

房地产项目广告诉求的选择,是广告策划中的关键环节。它涉及如何精准地定位目标受众,以及如何有效地传递产品价值,进而激发消费者的购买欲望,因此选择诉求时应注意以下几个方面。

图 4-42 理性诉求广告实例

图 4-43 感性诉求广告实例

1) 理性、感性结合

理性诉求是不可或缺的,它涉及房地产产品的核心优势,如地段、户型、价格、配套设施等,这些客观因素对于消费者的购买决策起着至关重要的作用。然而,仅仅依靠理性诉求是不够的,感性诉求同样重要,它涉及消费者的情感需求和心理体验。只有将这两者有机融合,才能更全面地展现房地产产品的魅力,并精准触动消费者的购买动机。

2) 主次结合

每条广告一般都包含着 2 个以上的诉求点,有主次之分。房地产广告主诉求点应该是最能体现产品核心价值和消费者需求的点,需要在广告中突出强调。而辅助诉求点则是对主诉求点的补充和强化,可以让广告内容更加丰富和立体。

3) 诉求点数量适度

广告诉求点数量过少可能导致信息传达不完整,无法吸引消费者的注意。过多则会使内容显得杂乱无章,难以让消费者记住。因此,策划人员需要根据实际情况,合理确定诉求点的数量,确保广告信息的有效传递。

(三) 房地产项目平面广告组成

房地产项目平面广告主要由以下四个关键部分组成。

1. 标题

标题是广告的第一印象,通常用于吸引读者的注意力并传达广告的核心信息,一般由主标和副标组成。一个有效的标题能够迅速抓住潜在客户的兴趣,引导他们进一步了解广告内容。

2. 插图

房地产项目广告插图用于直观展示房地产项目的特点和优势,高质量的图片能够增强广告的视觉冲击力,提高读者的关注度。房地产项目广告通常可以选择建筑整体形象、建筑细部形象、人物形象、自然风光和水墨山水等作为插图。

3. 正文

正文是广告的中心,用于详细解释和说明房地产项目的各项特点和优势。描述应准确、简洁、有吸引力,能够激发潜在客户的购买欲望。

4. 附文

房地产项目广告附文包括品牌名称、品牌标识、联系方式与优惠信息、开发建设信息、免责条款等。

需要注意的是,策划者必须遵守相关法律法规,包括但不限于《中华人民共和国广告法》《中华人民共和国城市房地产管理法》以及《房地产广告发布规定》等。这些法律法规为广告内容的制订提供了明确的指导和规范,确保广告信息的合法性和准确性。特别需要强调的是,任何形式的房地产广告都不得使用禁用词语,这是维护广告行业秩序和保护消费者权益的重要措施。因此,策划者在策划过程中应严格遵循这些规定,确保广告内容的合规性,为房地产市场的健康发展贡献力量。

微课:房地产广告诉求　　拓展阅读 4-3　房地产广告发布规定 2015　　拓展阅读 4-4　新广告法房地产广告禁用词语 29 类

四、房地产项目广告费用预算

房地产项目广告费用预算主要包括以下几个方面的费用。

(一) 房地产项目广告费用预算的组成

房地产项目广告费用预算主要包括以下五个方面。

1. 市场调研费

市场调研费是进行前期市场研究、广告效果调查、广告咨询以及媒介调查等所需的费用。市场调研是广告活动的基础,能够帮助企业更好地了解市场状况,为广告策略的制订提供有力支持。

2. 广告制作费

广告制作费涵盖了文案创造、美术设计、制版、印刷、摄影摄像等费用。这些费用用于制作高质量的广告内容,以吸引潜在客户的注意力并传达项目的核心价值。

3. 广告媒介费

广告媒介费是购买各种广告媒介所需支付的费用,包括报纸、杂志的版面费用,广播、电视的时间费用,户外广告的场地占用费用,以及邮寄广告、招贴广告等费用。媒介费用通常是广告预算的主体,占据了大部分预算。

4. 公关活动费

公关活动费用于组织各种公关活动,如新闻发布会、媒体见面会等,以加强与媒体和公众的联系,提升品牌形象。

5. 其他相关费用

其他相关费用包括广告部门的办公费用、差旅费、广告礼品等杂项支出。

(二) 房地产项目广告费用预算的影响因素

房地产项目广告费用预算受到多个因素的影响,这些因素决定了预算的规模和分配方式。

1. 企业品牌

企业的品牌知名度和声誉对广告预算有重要影响。知名品牌可能需要较少的广告投入来保持其市场地位,因为它们已经拥有一定的客户基础和品牌忠诚度。而新兴品牌或知名度较低的企业则可能需要增加广告投入来提升品牌知名度和市场份额。

2. 竞争程度

房地产市场的竞争状况是决定广告预算的关键因素之一。在竞争激烈的环境中,企业需要投入更多的广告费用来突出自己的优势,吸引潜在客户的注意力。竞争者的数量和实力、市场份额的分布等因素都会影响广告预算的规模。

3. 销售进度

房地产项目的销售进度对广告预算也有显著影响。在销售初期,为了吸引潜在客户的关注和兴趣,企业可能需要投入较多的广告费用。随着销售进度的推进,当销售达到一定阶段时,广告投入可能会逐渐减少。然而,在销售尾声阶段,为了清理剩余房源或提升销售业绩,企业可能会再次增加广告投入。

4. 广告频率

广告频率也是影响预算的重要因素。适当的广告频率能够确保潜在客户在关键购买周期内接触到广告信息,增强记忆和认知。然而,过高的广告频率可能导致资源浪费和负面效应,因此需要合理控制广告播放的次数和时长。

5. 媒介选择

不同媒介的广告费用差异较大,因此媒介选择直接影响广告预算。企业需要综合考虑媒介的覆盖范围、受众匹配度、成本效益等因素,选择适合的媒介进行广告投放。

(三)房地产项目广告费用预算的方法

房地产项目广告费用预算的方法主要有以下四种。

1. 量入为出法

这种方法主要是根据企业自身的资金实力来确定广告预算,即企业根据现有资金,决定能够投入多少费用用于广告活动。这种方法相对简单直接,但可能忽略了广告对销售的潜在影响,因此适用于资金状况较为紧张的情况。

2. 销售百分比法

该方法是以销售额的一定百分比来制订广告预算。企业可以根据过去的销售数据或预测的销售目标,设定一个广告费用占销售额的百分比,从而确定广告预算。这种方法使广告预算与企业的销售状况紧密相连,确保广告投入与销售目标相匹配。

3. 竞争对手法

这种方法是根据竞争对手的广告费用来决定本项目的广告预算。企业会密切关注竞争对手的广告策略和投入,然后根据自身情况和市场竞争态势,制订相应的广告预算。这种方法考虑了市场竞争因素,但可能忽略了项目自身的特点和需求。

4. 目标任务法

根据预定的销售目标,制订相应的广告任务,并据此估算广告费用。首先,企业需要明确销售目标,然后分析实现这些目标所需的广告活动,最后根据活动规模和要求来制订广告预算。这种方法针对性强,能够直接关联广告投入与销售目标,但对广告成本的预测可能存在一定的不确定性。

> **案例 4-2**
>
> ### Z房地产项目的媒体推广策略
>
> 媒体推广策略原则为：以多渠道立体式媒体组合与目标客户有效沟通。具体策略采用以户外广告为主，结合推广节奏配合报纸广告为辅，电视台、电台、短信、直邮等予以补充。
>
> #### 一、户外媒体
>
> 抢占区域户外优势是关键。一方面区域内竞争激烈，大众媒体的传播效果几乎相同，如果要获得更好的效果就要付出更多的营销费用，而区域户外的优势使传播效果事半功倍，这也是以客户为导向的营销模式的具体执行，是最有效地与客户的沟通方式之一；另一方面本案的目标客户区域比较集中，所以在媒体选择上，区域户外媒体尤其重要，能长期有效的起到良好的宣传效果。
>
> 通往本区的交通要道是布置户外的关键地点，建议在武进区的主干道武宜路、常武路、广电路、人民路往市中心方向、东部乡镇及南部方向分别加以设置鲜明醒目的户外广告；再充分运用现场销售中心的整体时尚设计包装、绿色景观的展示，以及施工现场的大面积围墙广告、精神堡垒等与之相呼应，通过强烈的视觉冲击，占尽紧邻公园人流集中的有利条件，使Z项目在周边公园地产竞争项目中引人注目，达到先入为主、迅速传播的推广效果。
>
> #### 二、大众传统媒体
>
> 平面媒体：报纸是常州主流地产媒体，其时效性强，传播速度快，在项目形象期及销售过程当中都是必不可少的主要宣传媒介之一。建议媒体有《常州日报》《武进日报》和《扬子晚报》。
>
> （1）电视媒体：大众媒体之一，有声有色，传播效果较为直观，在形象期主要以项目动画作形象广告，后期在实景营销阶段应用较多，建议可以分阶段使用。建议选用媒体：常州电视台房地产专栏。
>
> （2）电台广播：费用较低，比较受打车及自驾车客户欢迎，可以作为阶段性辅助媒体使用。建议选择媒体：常州交通台及新闻台。
>
> （3）网络媒体：在常州比较流行的新型媒体之一，受众层次及数量明显高于全国其他同级城市，也是目前常州房地产通常采用的一种配合媒体，本案目标人群年龄层次较轻，也是网络媒体的主要受众。建议选用媒体：搜房网、化龙巷和常州房地产信息网。
>
> #### 三、新兴小众媒体
>
> （1）直邮：目标明确，以居住及工作区域为原则划分，直达受众，本案客户区域性比较明确，建议配合使用。
>
> （2）短信：即时性强，速度快，范围广，费用较低，可以用于活动的及时告知和提醒，建议配合使用。

四、其他形式媒体

横幅、路旗、体验场及其他相关媒体作为开盘等重大节点辅助手段使用。

能力训练

1. 各小组分工合作，共同梳理样本楼盘的卖点，可参照二维码中提供的 18 个方面的卖点梳理框架，确保信息的全面性和准确性，要求卖点总数不少于 30 条。

2. 对样本楼盘进行不同销售阶段的广告主题策划，内容要涵盖一个完整的房地产销售周期（导入期、成长期、成熟期、衰退期），且每个销售周期的广告主题不少于 3 个，主题需包含主标和副标。

任务五　房地产项目活动策划

任务目标

1. 了解常见的营销活动。
2. 掌握房地产不同开发阶段的活动策略。
3. 能协助进行房地产项目活动策划。
4. 具备一定的创新意识和创新精神。
5. 具备良好的沟通协调能力和团队合作能力。

任务背景

为适应房地产市场快速发展，满足消费者多样化的需求，策划组想要通过策划各种有趣、有吸引力的活动，来展示项目的优势，激发消费者的购买欲望，进而促进销售。在此过程中，策划组需精心挑选合适的活动形式，并在不同销售阶段灵活调整策略，以取得最佳效果。为确保任务的圆满完成，方圆深入钻研了房地产项目活动策划的核心知识，并通过实际能力的训练，成功完成了本次任务。

知识准备

一、房地产活动营销概念

房产活动营销，即在楼盘推广过程中，通过精心策划、具有鲜明主题能够引起轰动效应的，具有强烈新闻价值的一个单一的或系列性组合的营销活动，达到更有效的品牌传播和销售促进。

它不但是集广告、促销、公关、推广等一体的营销手段，也是建立在品牌营销、关系营销、数据营销的基础之上的全新营销模式。

二、活动的时机选择

(1) 项目开盘前期累计客户数量不足时。
(2) 新项目导入市场的速度必须加快时。
(3) 市场低迷或竞争激烈时。
(4) 企业计划加强广告力度时。
(5) 主要竞争对手积极进行活动推广时。
(6) 想要获得更多客户等方面的情报时。
(7) 信誉受影响或需要加大市场影响力度时。

三、常见的营销活动

(一)产品说明会

目的是通过一个互动性很强的说明会,开发商、建筑师、景观师、合作商家等轮番上台,对产品进行全方位的演讲,把楼盘中的细节、配套、理念传达给业主和意向客户,如图4-44所示。

(二)客户活动

在房地产楼盘销售的整个时间序列上,选择一个或几个关键性的节点,安装"发动机""助推器",举办各种类型的促销活动,即可以单独也可以连成一个整体如文化周、地产节等,以便给一个特定楼盘的品牌建设或销售工作合力加速,如图4-45所示。

图4-44 产品说明会实例

图4-45 客户活动实例

(三)聘请代言人

品牌是一种投资,房产企业聘请形象代言人,其实就是树立品牌形象的一个重要外在表现。明星做产品和项目的形象代言人,对明星和商家而言,乃双赢之举,前者赚了银子,后者则借明星形象打造出了高知名度,如图4-46所示。

(四)商家联盟

通过发展VIP会员,举办相关活动,给予购房或介绍朋友购房积分的形式,甚至发放商家联盟优惠卡来吸引客户。这种延伸性的价值服务对提高品牌的美誉度,促进销售起到了积极的作用,如图 4-47 所示。

图 4-46　聘请代言人实例

图 4-47　商家联盟活动实例

(五) 体验活动

房地产体验活动涵盖从产品设计一直到营销推广整个过程的每一个环节,是在整个营销的过程中,一切围绕着购房者这个中心来设计的营销方法,如样板间试住、业主联谊会、风情节等。

(六) 展览活动

分常规展览(如各地假日大型房展会)和特色展览(结合楼盘特质、属地、属性举办如摄影、奢侈品比照等相关展览)两大类,前者通常带有更多地承担楼盘亮相、累计客户和促进销售作用,后者则常常是对楼盘的定位、形象的最大支撑。

四、房地产不同销售阶段的活动策略

(一) 预热期

作为初期的讯息传播,重点在引起消费者的好奇与期待,吸引购买者的注目和行动。活动目标应定为"造势、聚揽人气",活动参与者应定位为以目标客户为主,面向广大市民,活动形式多种多样,但都要求具有轰动性,如向社会公开征集项目案名、明星代言等。

(二) 强销期

为公开期后的续销行为,也是销售目标量最大的时期,考虑到形象的初步树立,这一阶段的主要任务就是强力凸显主要卖点,支撑品牌的形象。活动营销目的在于如何点燃消费者的购房置业热情,加快楼盘的销售进度。此期间往往是多种营销方式结合的组合营销,如采取短期内的系列化活动等。

(三) 持续销售期

在销售持续期,活动营销一方面要为项目销售服务,另一方面是为了提升楼盘品牌和开发商品牌服务。如采取一方面可定位为面向目标客户的体验活动及商家联盟促销活动,另一方面定位为面向业主和广大市民的社区文化艺术活动。

(四) 尾盘期

由于位置、面积等原因制约,尾盘促销的主要方式是降价或通过赠送等活动来变相降价,如活动中价格策略的采取运用等。例如,沈阳某广播节目首届尾盘房交会 2022 年 9 月 12 日—10 月 12 日举办,房交会期间重点瞄准楼盘尾盘市场。

能力训练

各小组分工合作,对样本楼盘进行不同销售阶段的活动策划,内容要涵盖一个完整的房地产销售周期(导入期、成长期、成熟期、衰退期),且每个销售周期策划两场以上适合的活动,列出时间节点并进行简要活动描述。

拓展阅读 4-5 房地产促销方式的分类和特点

拓展阅读 4-6 怎样在营销策略报告中设计营销活动

成果展示 1 学生策划报告成果展示

成果展示 2 学生策划报告成果展示

课后习题

一、单项选择题

1. 房地产项目在进行定价时,不同的楼栋、不同的楼层都综合考虑其权重进行定价,这是考虑了影响项目定价的(　　)影响因素。
   A. 产品差异　　　　B. 产品成本　　　　C. 竞争状况　　　　D. 经济环境

2. 企业视觉识别系统 VI 由基础设计系统和基础设计系统的应用系统组成,以下不属于基础设计系统的是(　　)。
   A. 项目 Logo　　　B. 项目名称　　　　C. 项目手拎袋　　　D. 标准色

3. 根据《房地产广告发布规定》,可以发布广告的是(　　)。
   A. 在未经依法取得国有土地使用权的土地上开发建设的
   B. 预售房地产,取得该项目预售许可证的
   C. 在未经国家征用的集体所有的土地上建设的
   D. 司法机关和行政机关依法裁定、决定查封或者以其他形式限制房地产权利的

4. 该定价方法以需求为中心,依据买方对产品价值的理解和需求强度来定价,而非

依据卖方的成本定价,该方法是(　　)。
  A. 成本导向定价法   B. 需求导向定价法
  C. 市场比较定价法   D. 成本加成定价法
5. 房地产商品的最低价格取决于产品成本,最高价格取决于(　　)。
  A. 产品差异   B. 市场需求   C. 竞争状况   D. 开发商的目标
6. 样板房是房地产项目重要的销售展示场所,企业在选择样板房时,应遵循的原则不包含(　　)。
  A. 选择主力户型或主推户型   B. 设在朝向、视野和环境较好的位置
  C. 选择的楼层越高越好   D. 设在可方便由售楼处到达的位置
7. 售楼处功能分区包含三大主要的功能区,以下属于提升功能区的是(　　)。
  A. 接待区   B. 签约区   C. 办公区   D. 放映区
8. 房地产企业将成功品牌作为主品牌、又起一个个性副品牌,这是企业的主副品牌战略,企业这样做的优势是(　　)。
  A. 品牌名称可以得到最大限度的推广
  B. 品牌具有不同的个性、吸引不同的消费者
  C. 主品牌展示核心价值、副品牌显示个性
  D. 无固定品牌,没有什么优势

二、简答题
1. 房地产项目采用市场比较法定价的步骤是什么?
2. 房地产项目不同销售阶段的主要广告诉求点及目标是什么?
3. 一个配置完整的售楼处都包含哪些功能区?
4. 房地产项目不同销售阶段的活动策略是什么?

答案解析

 实训任务

  各小组成员采取分工合作的方式,在模块三实训任务成果的基础上,进行样本楼盘的营销策划,包括产品组合策划、价格策划、广告策划、包装策划和活动策划,将以上成果整理形成样本楼盘营销策划报告,并以 PPT 形式进行展示汇报。

 实训指导

一、实训步骤

(1) 各组分工合作,由组长安排时间,分配任务。
(2) 各组进行样本楼盘的产品组合策划。
(3) 各组进行样本楼盘的价格策划。
(4) 各组进行样本楼盘的广告策划。
(5) 各组进行样本楼盘的包装策划。
(6) 各组进行样本楼盘的活动策划。
(7) 制作完成样本楼盘营销策划报告的 PPT。

(8) 小组代表上台进行成果汇报,学生互评、教师点评。

(9) 修改、提交报告成果,电子文档和打印稿各一份。

二、实训成果要求

1. 实训成果名称。

××楼盘营销策划报告

2. 实训报告格式。

(1) 封面:标题、班级、成员、指导教师。

(2) 目录。

(3) 正文。

① 项目案名及 Logo 的设计。

② 项目产品规划设计建议,包括总体规划建议、建筑风格、户型选择和配比、景观设计建议和附加值提升建议。

③ 项目销售场所的包装策划建议。

④ 项目价格策略的制订。

⑤ 项目广告策略的设计。

⑥ 项目活动策略的安排。

(4) 实训过程及体会。

① 小组成员分工。

② 小组每个成员的实训心得体会。

三、实训考核要求

(1) 策划报告内容完整,分析细致深入,分工明确。

(2) 策划报告思路清晰、资料丰富翔实、页面设计图文并茂。

(3) 口头汇报体系完整、重点突出、语言流畅、阐述到位。

模块五　房地产网络营销

> **案例导入**

房地产营销变革下，企业需要更"博"、更"精"的复合型人才

为适应互联网技术的迅猛发展和房地产市场供求关系的深刻变革，房地产企业正积极探寻营销破局之道。从尝试各类"找房App"到社群运营，再到短视频、直播平台等，房地产营销已迈入一个全新的发展阶段。

2024年2月28日，抖音、巨量算数、幸福里联合发布的《静水流深·向阳而生——2024抖音房产生态白皮书》（以下简称《白皮书》）显示，2023年抖音房产内容搜索次数达到2.6亿次，同比增长44%，用户的兴趣度和主动性均有所提升。抖音房产创作者的队伍进一步壮大，2023年TOP 200开发商的入驻率超过90%。

为适应这种变化，房地产企业在探索线上营销的同时，通过设置新岗位、新层级以及职能之间的整合、拆分等形式，不停地调整匹配的人才组织形式。例如，万科将数字化营销上升到了集团战略层面，大手笔、大投入，在集团和区域层面组建大军团作战，自上而下推动转型，将数字化团队都配置在平台，分为平台功能组、总部运营组和区域运营组；保利的线上营销团队，在原来的推广运营、商务运营、销售运营、产品研发之外，新增了几十人的新媒体团队，实行专业化、专职化管理。

房地产企业营销组织进行调整和变革后，相应的人才需求也随之调整。

（1）对人才的需求更"博"。随着房地产企业纷纷探索网络营销，线上流量入口日益增多，为项目获客提供了更为丰富的工具与手段选择。然而，这也导致了客户分布的极度碎片化，甚至呈现出粉尘化的特点。除了传统的营销场景，如今新的媒体平台、内容形式以及营销工具不断涌现，要求对客户进行更为差异化的运营。因此，一线的营销人员必须具备广博的知识和技能，能够熟练运用各种营销工具，以适应当前行业的需求变化。

（2）对人才的需求更"精"。每一个业务场景，深挖下去，都是一个专业。以推广为例，很多专业的营销公司，针对字节生态、腾讯生态会设置不同的投手岗位，专人专岗，来研究平台的算法逻辑、监控投放效果、调校广告素材，让投放策略最优。善于钻研，学习能力强，会成为地产营销人很大的能力优势。

任务一 了解房地产网络营销

任务目标

1. 了解房地产网络营销的优势。
2. 掌握房地产网络营销的策略。
3. 熟悉房地产网络营销的未来发展。
4. 具备互联网自我学习能力和团队合作能力。

任务背景

近年来,房地产市场遭遇多重挑战与变革,网络营销已脱颖而出,成为房地产企业降低成本、提升效率、促进销售的关键途径。策划组领导明确指示方圆,开展网络营销不仅是项目营销的必由之路,更是从业者必备的核心竞争力。因此,从业者需要不断学习网络营销知识,掌握各种网络营销工具和技术,不断提升自己的网络营销能力。

知识准备

一、房地产网络营销的概念

房地产网络营销是指借助互联网技术和网络平台,综合运用网站、搜索引擎、微信、短视频、直播营销等多种网络营销工具,实现房地产产品市场推广与销售的新型营销手段。

房地产网络营销是对传统营销的继承和发展,充分发挥了互联网覆盖面广、互动性强、传播迅速等优势,有效提升了房地产企业的市场竞争力与品牌影响力。

企业真正的网络营销是利用好每一组工具,比如搜索引擎上预埋问答,博客灌输系统,论坛铺垫软文,微博扩散消息,短视频直观展示,直播实时互动,然后借助微信个人账号做关系维护,微信公众号做客户服务,利用电商平台做购买端口……

二、房地产网络营销的优势

相比传统的营销方式,房地产网络营销具有以下优势。

(一)覆盖范围广,潜在客户众多

网络营销具有极强的传播性和扩散性,能够迅速覆盖广泛的潜在客户群体。通过搜索引擎、社交媒体、短视频平台等多种渠道,房地产项目信息能够迅速传播到目标受众,提高品牌知名度和曝光率。

(二)成本效益高,降低营销成本

相较于传统的营销方式,网络营销的成本更低。房地产企业可以通过社交媒体平台、

在线广告等方式,以较低的成本实现精准投放,提高营销效果。同时,网络营销能够减少人力、物力资源的投入,降低整体营销成本。

(三)互动性强,提升客户体验

网络营销具有实时互动的特点,房地产企业可以通过在线聊天、客户留言等方式,及时获取客户的反馈和需求,为客户提供个性化的服务。这种互动性的营销方式能够提升客户的参与感和满意度,增强客户对品牌的忠诚度。

(四)大数据驱动,精准营销

网络营销能够收集和分析大量的用户数据,帮助房地产企业更精准地了解目标客户的需求和偏好。通过对数据的深入挖掘,企业可以制订更精准的营销策略,提高营销效果。同时,数据驱动的营销方式还能够为企业的决策提供有力支持。

(五)创新营销手段,提升品牌形象

网络营销提供了丰富的营销手段和创新空间,如虚拟现实技术、短视频、直播等。房地产企业可以通过这些创新手段,以新颖、有趣的方式展示房地产项目,吸引潜在客户的注意力。同时,这些创新手段还能够提升企业的品牌形象和知名度。

三、房地产网络营销的策略

要想实现房地产网络营销的效果,企业需要制订相应的营销策略。以下是一些房地产网络营销的常用策略。

(一)构建品牌形象

通过在网络平台建立专业的企业形象,提升品牌知名度和美誉度。可以通过发布高质量的房地产信息、分享成功案例和客户评价等方式,增加客户对企业的信任感和认可度。

(二)优化网站和移动应用

网站和移动应用是企业进行网络营销的基础,要保证网站和移动应用的信息更新及时、界面友好、操作简单。同时,还需考虑网站和移动应用的适应性,确保其在不同终端设备上都能够正常运行和显示。

(三)内容营销

提供有价值的内容是吸引潜在客户的重要手段。通过发布有关房地产市场、购房须知、房产政策等方面的专业知识和经验分享,为客户提供有用的信息,树立企业在行业中的权威地位。

(四)社交媒体推广

利用微信、微博、抖音、小红书等社交媒体平台,进行房地产产品和服务的推广。可以通过短视频、图文介绍、用户互动等方式吸引用户关注和参与。

(五)线上购房体验

提供线上购房的便捷体验,为潜在客户提供虚拟演示、VR看房等在线工具,让客户更加直观地了解房产项目,提升购房体验,增加购买的决策。

（六）数据分析和运营优化

通过对用户行为数据的分析，了解用户的需求和兴趣，对房地产网络营销进行优化。可以通过数据分析来调整营销策略、改进用户体验，提升整体的营销效果。

四、房地产网络营销的未来发展

随着移动互联网的普及和技术的不断创新，房地产网络营销将会迎来更广阔的发展前景。以下是几个未来发展趋势。

（一）移动互联网和 AR 技术的结合

利用 AR 技术，为用户提供更加真实和沉浸式的房地产购房体验。用户可以通过手机或其他设备的 AR 功能，直接在现实场景中查看房产信息，提高购房决策的准确性。

（二）智能化的客户服务

利用人工智能技术开发智能客服系统，为客户提供更加个性化的服务。可以通过聊天机器人、语音助手等方式，为客户解答疑问，加强与客户的互动。

（三）大数据分析的应用

房地产企业可以通过大数据分析，了解用户的购房需求和偏好，精准推送符合其需求的房产项目和相关信息。同时，也可以通过大数据分析来优化营销活动和提升企业的竞争力。

（四）虚拟现实体验的发展

随着虚拟现实技术的不断成熟，企业可以通过虚拟现实技术提供更加逼真和沉浸式的购房体验。用户可以通过 VR 眼镜等设备，直接体验未来房产项目的样貌和环境。

能力训练

1. 利用网络搜索工具、中国知网数据库和相关房地产网站，分组搜索相关文献和案例资料，了解房地产企业开展网络营销的主要形式。
2. 学生分组讨论，派代表分享小组成果。

拓展阅读 5-1
第 53 次《中国互联网络发展状况统计报告》

任务二　房地产项目网站营销

任务目标

1. 熟悉房地产企业网站的建设流程。
2. 了解与第三方网站合作的营销策略。
3. 掌握房地产项目网站营销的方式。
4. 具备互联网自我学习能力和团队合作能力。

> **任务背景**

自有网站建设不仅是房地产企业或项目开展网络营销的基石,更是网络营销过程中不可或缺的主要工具之一。因此,对于从业者而言,熟悉并掌握房地产企业网站的建设至关重要。在开展网络营销的过程中,房地产企业或项目除了需充分利用自有网站的优势外,与第三方网站的合作亦是不容忽视的重要营销手段。那么,房地产企业究竟能与哪些类型的第三方网站进行深度合作?又将通过何种形式展开合作?这些问题,正是方圆在掌握房地产项目网站营销过程中必须深入了解和把握的关键要点。

> **知识准备**

一、构建企业自有网站

有实力的房地产企业一般都会设立专属的站点,以直接服务于本公司,全面展示企业的品牌形象和旗下的产品信息,并为客户提供丰富的房产相关服务,从而构建与客户的紧密联系,有效推动业务的发展。同时,官网也是企业数字化转型的重要载体,推动业务升级和创新发展。

(一)房地产企业网站的类型

一般来说,根据房地产企业网站的主要功能和内容特点,大致可以把房地产企业网站分为品牌宣传型网站、产品展示型网站、在线销售型网站、客户服务型网站和信息交互型网站,见表 5-1。

表 5-1　房地产企业自有网站的主要类型

类　型	内　容
品牌宣传型网站	展示企业的品牌形象、文化理念和发展历程,通过独特的设计风格和高质量的内容,提升企业的知名度和影响力
产品展示型网站	展示企业的房地产项目,包括住宅、商业地产、办公楼等,通过详细的项目介绍、高清的图片和视频,吸引潜在客户的关注
在线销售型网站	除了展示产品外,还提供在线购房、支付和交易功能,方便客户进行购房操作
客户服务型网站	主要提供售后服务、物业管理、投诉建议等功能,旨在提升客户满意度和忠诚度
信息交互型网站	注重与客户的互动和信息交流,如论坛、社区等,方便客户分享购房经验、交流房产信息

实际上,众多房地产企业网站的内容常常融合了两种或更多类型,以适应多变的市场环境。随着市场环境的不断演变,这些网站也会灵活增添各种功能和内容。房地产项目可以依据自身开发企业网站的特色,有针对性地开展营销活动,拓展项目的营销渠道,从而更好地促进销售增长,提升品牌影响力。

(二) 企业网站的建设流程

企业网站的建设大体分为域名的申请、空间的申请、网站的规划与设计、网页上传、网站备案五个步骤,如图 5-1 所示。

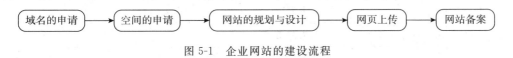

图 5-1　企业网站的建设流程

1. 域名的申请

1) 域名的含义

域名是 IP 地址的助记符,Internet 中的通信要靠 IP 地址来访问网络中的一些资源,但 IP 地址太抽象,难于记忆、理解,因此用简洁、便于记忆的字符来表示 IP 地址,这就是域名。域名简单理解可以说是网址,但它又不同于网址,只有当域名经过域名解析之后(也就是将域名与网站的 IP 地址建立对应连接关系),这个域名才可以成为一个网址。

2) 域名的构成

域名由两个或两个以上部分构成,各部分直接用英文的"."隔开,最后一个点的右边部分称为顶级域名,其左边称为二级域名,二级域名左边是三级域名,以此类推。

DNS(域名系统)规定,域名中的标号由英文字母和数字组成,不区分大小写。标号中除了连字符(-)外不能使用其他标点符号。标号中除连字符(-)外不能使用其他的标点符号。级别最低的域名写在最左边,而级别最高的域名写在最右边。

3) 域名的级别

(1) 顶级域名。顶级域名又分为国际顶级域名和国家顶级域名。国际顶级域名是使用最早也最广泛的域名,常用的有 com(工商企业)、net(网络提供商)、org(非营利性组织)等。国家顶级域名是按照国家的不同分配不同后缀,这些域名即为该国的国内顶级域名,目前 200 多个国家和地区都按照 ISO 3166 国家代码分配了顶级域名,如中国是 cn,美国是 us 等。

(2) 二级域名。国际顶级域名下,二级域名是指域名注册人的网上名称。我国国家顶级域名之下的二级域名,包括 6 个类别域名和 34 个行政区域域名,如表 5-2 所示。

表 5-2　我国顶级域名下的二级域名组成

划分模式	二级域名	分　配　给
类别域名(6个)	ac	科研机构
	com	工、商、金融等企业
	edu	教育机构
	gov	政府部门
	net	互联网络、接入网络的信息中心和运行中心
	org	各种非营利性的组织

续表

划分模式	二级域名	分配给
行政区域名(34个)	bj	北京市
	sh	上海市
	tj	天津市
	cq	重庆市
	he	河北省
	sx	山西省
	nm	内蒙古自治区
	……	……

(3) 三级域名。二级域名左边的部分,用字母(A~Z,a~z,大小写等价)、数字(0~9)和连接符(-)组成,各级域名之间用实点(.)连接,三级域名的长度不能超过20个字符。

4) 域名的申请

我国的域名管理机构是中国互联网络信息中心CNNIC,但为了方便域名的申请和使用,CNNIC把域名管理权发给了很多代理机构,企业可向地方代理申请,全国较有名的域名代理机构如阿里云、腾讯云、西部数码等。

需要注意的是,域名的申请方式是租赁,企业可以根据自己的需求选择月度租赁、半年租赁、年度租赁或者更久,一般企业都会选择以年度为单位进行租赁。图5-2为某服务商域名注册界面。

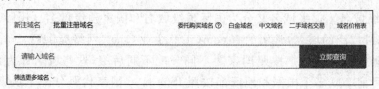

图5-2 某服务商域名注册界面

5) 域名的选取技巧

(1) 简洁易记。域名应该简短、易记,避免过长或复杂的拼写。一个好的域名应该能够让人一眼就能记住,不需要费力去拼写或记忆。

(2) 相关性。域名最好与企业的业务或品牌相关。这有助于增强品牌的辨识度,并让用户更容易理解相关业务。

(3) 使用关键词。如果可能的话,尝试在域名中使用与企业业务相关的关键词。这有助于提升搜索引擎优化(SEO)的效果,让企业的网站在搜索结果中更容易被找到。

(4) 避免使用连字符和下划线。这些字符在域名中可能会让人感到困惑,也可能影响搜索引擎的识别。尽量保持域名的清晰和简洁。

(5) 考虑域名后缀。常见的域名后缀如".com"".net"和".org"通常比较受欢迎和易记。

最后,需要注意的是,域名注册通常涉及一些费用,而且好的域名往往被抢注得很快。

因此,在选取域名时既要考虑以上技巧,也要尽快行动,以免错失好域名。

2. 空间的申请

申请域名后,就需要为网站在网络上申请相应的空间。网站是建立在网络服务器上的一组计算机文件,它需要占据一定的硬盘空间,这就是一个网站所需的网站空间。

1) 空间的分类

网站空间按资源共享程度可分为以下四种主要类型。

(1) 专用服务器(独立主机)。专用服务器是指一台服务器仅托管一个网站或一个应用程序。它提供了最高的性能和安全性,因为所有资源都专属于该网站。然而,专用服务器的成本较高,且需要用户具备一定的技术知识来管理和维护。

(2) 租用专用服务器(VPS)。VPS 是一种介于共享主机和独立服务器之间的解决方案。它将一台物理服务器划分为多个虚拟服务器,每个虚拟服务器都拥有独立的操作系统和资源。这使得 VPS 在性能和灵活性上优于共享主机,同时价格又低于独立服务器,因此适合中型企业或需要更多自定义设置的网站。

(3) 使用虚拟主机。这是最常见的网站空间类型。在虚拟主机中,多个网站共享同一台服务器的资源,如 CPU、内存和存储空间等。由于资源是共享的,因此成本相对较低,非常适合小型网站或个人博客。然而,当其他网站流量较大时,可能会影响到共享主机上其他网站的性能。

(4) 免费网站空间。这种服务是免费的。用户加入该互联网服务提供商(ISP)后,该 ISP 商会为用户提供相应的免费服务,不过权限会受到很大限制,很多操作都不能够使用。

2) 空间的申请

空间申请的服务商基本同域名一致,其申请方式也是租赁,企业可根据需要选择。图 5-3 为某服务商空间申请界面。

图 5-3 某服务商空间申请界面

3. 网站的规划与设计

1) 网站的结构规划

网站结构是为了向用户表达企业信息所采用的网站栏目设置、网页布局、网站导航、网址(URL)层次结构等信息的表现形式。

(1) 网站栏目结构要层次清晰,结构明了。一般来说,企业网站的栏目设置以不超过 8 个为宜,过多会让消费者感到冗余,甚至不便于消费者的浏览、购买,以至于影响流量与销售量。

(2) 网页布局要合理。网页布局是网站栏目结构确定之后,为了满足栏目设置的要求需要进行的网页模板规划,网页布局采用表格定位和框架结构的较多。

(3) 网站导航要方便用户的使用与查找。导航设置是在网站栏目的结构基础上进一步为用户浏览网站提供的提示系统。例如,网站上的"上一页""下一页""返回"等,这样的设计能方便消费者在浏览过程中找到首页或者返回曾经浏览过的页面,而对于设计人员来说并不存在任何难度,又能带来良好的客户体验。

(4) 网址(URL)层次结构其表现形式比较简单,一般形式为:首页→一级栏目→二级栏目→三级栏目→内容页面。这样的层次结构不超过 3 层比较适宜,能让消费者快速找到目标产品,方便购买。

2) 网站的内容设计

房地产企业网站的内容设计至关重要,不仅关乎企业形象展示,也直接影响着用户体验和潜在客户的转化率。房地产企业自建的网站,一般包括但不限于网站新闻发布、全站信息搜索、楼盘信息发布等七个内容模块,如图 5-4 所示。

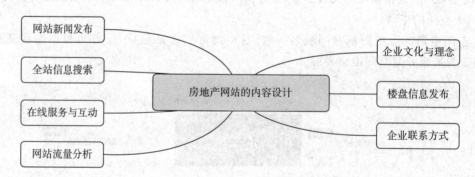

图 5-4 房地产企业自建网站的主要内容模块

(1) 网站新闻发布。设计网站新闻发布内容模块,及时发布企业的新闻资讯,包括行业动态、企业活动、项目进展等,可以展示企业的活跃度和实力。新闻资讯的发布要注意时效性,同时要保证内容的真实性和客观性。

(2) 企业文化与理念。展示企业的文化和理念,可以加深用户对企业的了解和认同。可以介绍企业的历史、愿景、使命、价值观等,让用户感受到企业的专业性和责任感。

(3) 全站信息搜索。提供全站搜索系统,包括关键词搜索和分类目录搜索,方便用户对全站信息进行快速查询。

(4) 楼盘信息发布。房地产企业网站的核心内容之一是楼盘信息发布。楼盘信息发布页面应详细列出企业的各个项目,包括项目的地理位置、户型、价格、配套设施等信息。

每个项目都应配有高质量的图片和视频,以吸引用户的注意力。同时,可以提供虚拟现实(VR)或三维实景技术,让用户能够更直观地了解各个楼盘的真实情况。

(5) 在线服务与互动。提供在线服务,如在线咨询、预约看房、购房计算器等,可以方便用户与企业进行互动,提高用户体验。同时,也可以设置在线客服,及时解答用户的疑问,提升客户满意度。

(6) 企业联系方式。在网站的显眼位置提供企业的联系方式和地图指引,方便用户与企业取得联系或前往企业所在地。同时,可以提供交通指南和周边设施介绍,为用户提供更便捷的服务。

(7) 网站流量分析。网站流量分析系统可以向商业网站提供页面访问计数、排行和访问分析服务,网站流量分析系统可以分析网站流量,对整个站点乃至任意页面的访问流量进行数据分析,并对网站分析给出完整的统计报告,随时可以了解网站乃至任意页面的流量动向和受欢迎程度,并以此做出相关调整策略。

4. 网页上传

网页上传网站的过程通常涉及一系列步骤,这些步骤确保了网页文件能够安全、有效地被上传到服务器上,从而让用户能够通过互联网访问这些页面。准备好要上传的网页文件,通过FTP(文件传输协议)客户端或控制面板连接到企业的网站服务器,就可以开始上传文件了。房地产企业网站的开发一般都会外包给专业的网站建设公司,由他们负责网站的设计、开发和维护。

5. 网站备案

网站备案是指向主管机关报告事由存案以备查考。网站备案的目的是防止在网上从事非法的网站经营活动,打击不良互联网信息的传播,如果网站不备案的话,很有可能被查处以后关停。非经营性网站自主备案是不收任何手续费的,备案信息通过网站提交,经相关部门审核通过后下发电子证书。没有网站的域名不需要备案。

上述流程描述了企业自主构建网站的完整步骤。除此以外,企业还有以下两种方式可以选择:一是将网站建设任务外包给专业的网站建设公司,由他们负责网站的设计、开发和维护,这种方式需要企业支付一定的费用,但可以节省企业的时间和精力,同时获得更专业的服务。二是使用自助建站平台,市面上有众多的自助建站平台可供选择,它们通常操作简单、易于上手,但可能在网站功能和设计方面存在一定的局限性。

(三) 企业网站的推广

房地产企业网站的推广是一项系统性工程,需要结合行业特性和用户需求来制订合适的推广策略。以下是一些有效的房地产企业网站推广方法。

1. 搜索引擎优化(SEO)

针对房地产行业的关键词进行深入研究,优化网站内容和结构,提高网站在搜索引擎中的排名。同时,关注网站速度和用户体验,确保用户能够快速找到所需信息。

2. 内容营销

撰写高质量的房地产文章、新闻、楼盘介绍等,展示企业的专业性和项目优势。通过发布有价值的内容,吸引潜在客户的关注,并引导他们访问网站。

3. 社交媒体推广

利用微博、微信、抖音等社交媒体平台，发布房地产信息、优惠活动等内容，与用户进行互动。通过精准投放广告，扩大品牌知名度，吸引目标客户。

4. 合作伙伴推广

与相关行业的企业或机构建立合作关系，通过友情链接、资源共享等方式进行互利推广。例如，与装修公司、金融机构等合作，共同开展线上、线下活动，提高网站流量。

5. 线下活动推广

结合线下活动，如房展会、开放日等，展示企业形象和楼盘优势，吸引潜在客户关注网站。同时，通过现场宣传资料、二维码等方式，引导用户访问网站。

6. 付费广告推广

在搜索引擎、社交媒体等平台投放付费广告，精准定位目标客户群体，提高网站曝光率和点击率。同时，关注广告效果数据，不断优化广告策略。

二、与第三方网站合作

（一）第三方网站的类型

房地产开发具有明显的区域性特点，只要是在区域目标客户群中具有影响力的网站都可以成为房地产企业或项目合作的对象，根据第三方网站的特点，可以将房地产企业合作的第三方网站分为四种类型，如表 5-3 所示。

表 5-3　房地产企业合作的第三方网站类型

网站类型		特　点	案　例
房地产资讯类网站		主要提供房地产行业相关的新闻、政策解读、市场分析等内容，有助于房地产企业及时获取行业最新动态，把握市场脉搏	如房天下、中国房地产网等
房地产交易类网站		集房源信息展示、在线交易、金融服务等功能于一体，方便购房者查找房源并完成交易，同时也为房地产企业提供了一个有效的销售平台	如链家网、贝壳找房、安居客等
地方性网站	地方房产类网站	主要关注某一特定地区的房地产市场，提供当地楼盘信息、房价走势、政策法规等本地化内容，有助于房地产企业更精准地触达目标客户群体	如某市房产网、某省房地产信息网等
	城市生活网站	除了房地产信息外，还提供当地新闻、生活服务等，是地方性综合信息门户	如中国江苏网、常州本地宝等
综合门户网站		作为大型互联网公司的房地产频道，拥有庞大的用户基础和广泛的品牌影响力，提供全方位的房地产资讯和服务，有助于房地产企业提升品牌知名度和市场占有率	如新浪乐居、搜狐焦点、腾讯房产等

（二）与第三方网站合作的营销策略

房地产企业通过互联网可以实现许多功能，其中房地产门户网站、专业网站因其自身的优势，对房地产企业的影响很大。作为房地产企业，可根据具体情况，采取如图5-5所示的策略，进一步提高自身的网络营销的效果。

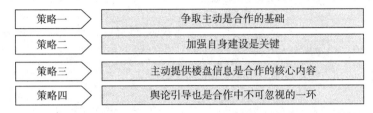

图5-5　房地产企业与第三方网站合作的营销策略

1. 争取主动是合作的基础

房地产企业应主动与第三方网站建立联系，表达合作意愿，并积极参与合作方案的制订。通过主动沟通，可以更好地了解第三方网站的需求和期望，从而制订出更符合双方利益的合作策略。

2. 加强自身建设是关键

房地产企业需要不断提升自身的品牌形象、产品质量和服务水平，以赢得第三方网站的认可和信任。同时，也要加强自身的信息化建设，确保能够及时、准确地提供楼盘信息和其他相关资料。

3. 主动提供楼盘信息是合作的核心内容

房地产企业应将最新的楼盘信息、项目介绍、户型图、价格优惠等详细信息主动提供给第三方网站，以便网站能够及时向用户展示和推广。这不仅可以提高楼盘的曝光率，还能吸引更多潜在客户的关注。

4. 舆论引导也是合作中不可忽视的一环

房地产企业应与第三方网站共同合作，通过发布正面、客观、专业的房地产资讯和评论，引导公众对房地产市场的正确认识和理解。同时，也要积极回应和处理负面舆论，维护企业的声誉和形象。

三、房地产项目网站营销方式

房地产项目与第三方网站合作开展网站营销的方式多种多样，每种方式都能有效地提升项目的曝光度和吸引潜在客户。

（一）建设网上售楼处

在第三方网站建设多个功能完备且体验优越的网上售楼处。这些售楼处不仅要详尽展示项目的各类信息，包括户型图、价格表等，更要运用前沿的虚拟现实（VR）技术，为客户呈现三维立体的楼盘效果，使客户能够在线上获得身临其境的看房体验。同时，网上售楼处还应提供在线咨询、预约看房、线上支付等功能，以简化购房流程，提高转化率。

图 5-6 为某楼盘的线上售楼处实例。

图 5-6　某楼盘的线上售楼处实例

(二) 投放网络广告

1. 硬性广告

硬性广告是网络营销中，最简单直接的营销手段。在第三方网站上投放的硬性广告，有横幅广告、弹窗广告、视频广告等多种形式。通过选择合适的广告位置和投放策略，确保广告能够精准触达目标客户群体。图 5-7 为某楼盘的横幅广告实例。

图 5-7　某楼盘的横幅广告实例

2. 软文广告

软文广告是网络营销中，非常有效的一种营销方式，可以起到创造或控制舆论的作用，一般以主题链接方式呈现在主页上，点开后链接到内页。

（三）开展主题活动

根据项目的特点和目标客户群体的需求，策划有针对性的主题活动，如线上购房节、楼盘开放日、优惠促销活动等。通过活动吸引客户参与，提高项目的知名度和关注度。同时，可以在活动中设置互动环节，如抽奖、问答等，增强客户的参与感和体验感。图5-8为某网站主题活动实例。

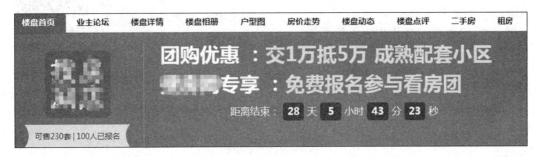

图5-8　某网站主题活动实例

（四）线上直播看房

利用第三方网站的直播功能，进行线上直播看房活动。邀请专业的销售人员或房产专家作为主播，对项目的户型、环境、配套设施等进行详细介绍和展示。观众可以通过弹幕、评论等方式与主播进行实时互动，提问或表达购房意向。这种直观、互动的看房方式能够提升客户的购房体验，同时也有助于提升项目的知名度和信任度。图5-9为某网站直播看房实例。

图5-9　某网站直播看房实例

（五）资源嫁接

与第三方网站进行资源共享和互补，共同提升双方的业务价值。例如，房地产项目可以提供优质的房源和优惠政策,而第三方网站则可以提供用户流量、数据分析、营销推广等资源。通过合作,双方可以共同开展精准营销、用户运营等活动,实现互利共赢。

能力训练

1. 扫描二维码5-2,下载某楼盘网上售楼处调查表,各小组分工合作,任选一个本地新房项目,选择2～3家第三方网站,完成××楼盘网上售楼处调查表,分析网上售楼处的主要内容。
2. 学生分组讨论,派代表分享小组成果。

拓展阅读5-2
××楼盘网上售楼处调查表

任务三 房地产项目"微"营销

任务目标

1. 了解微博和微信营销的概念、特点和主要方式。
2. 掌握微博营销的主要策略。
3. 熟悉微信公众号营销策略和技巧。
4. 能利用微博和微信个人号开展营销。
5. 具备互联网自我学习能力和团队合作能力。

任务背景

中国互联网络信息中心(CNNIC)发布的第53次《中国互联网络发展状况统计报告》明确指出,截至2023年12月,我国手机网民数量已攀升至惊人的10.91亿。在这样一个移动互联的时代,人们仅凭一部手机,便能轻松通过微信、微博、抖音等自媒体平台,广泛参与到信息的传播与互动中。因此,除了传统的网站营销策略,开展"微"营销已成为房地产企业或项目不可或缺的战略选择。这里的"微",特指那些社交属性鲜明、用户基础庞大的营销工具,如微博和微信。对于方圆而言,如何巧妙运用这些工具,开展有针对性的"微"营销,已成为其面临的新挑战和新任务。

知识准备

一、房地产项目微博营销

(一)微博营销认知

1. 微博营销的概念

微博,即微博客(microblog)的简称,包括新浪微博、腾讯微博、网易微博等。2014年新浪微博正式更名为微博,腾讯、网易等微博平台已基本全部关闭,如若没有特别说明,微博就是指新浪微博。微博原本以140字左右的文字更新信息,2016年已取消了140字的限制,最多可以输入2000字,但文字发布后在信息流中依然只显示140字,在句末加了一个"显示全文"的提示,点击后会出现超长微博全文。

微博营销,就是借助微博这一平台进行的包括品牌推广、活动策划、个人形象包装、产品宣传等一系列的营销活动。

2. 微博营销的特点

1) 成本效益高

微博营销发布门槛低,成本远小于传统广告,但效果却并不逊色。通过140个字的简短信息,企业可以迅速传播品牌信息,吸引潜在客户,实现高效的营销推广。

2) 互动性强

微博平台提供了丰富的互动功能,如评论、转发、点赞等,使得企业与粉丝之间可以实时沟通,了解用户需求,及时调整营销策略。这种互动性有助于增强用户对品牌的认同感和忠诚度。

3) 传播速度快

微博的信息传播速度非常快,一条热门微博在短时间内就能被大量用户转发和评论,从而实现病毒式传播。这种快速的传播速度有助于企业迅速扩大品牌影响力,提高知名度。

4) 内容多样化

微博支持文字、图片、视频等多种形式的内容展示,使得企业可以更加生动、形象地展示品牌形象和产品特点,吸引用户的关注。

3. 微博营销的主要方式

1) 官方账号运营

房地产企业应建立并维护官方微博账号,定期发布企业动态、楼盘信息、行业资讯等内容,保持信息的时效性和准确性。通过精心策划的内容,展示企业的专业形象和价值观,增强粉丝对企业的信任感和好感度。

2) 互动营销活动

组织线上互动活动,如话题讨论、有奖转发、问卷调查等,鼓励粉丝参与并分享自己的见解和体验。通过活动,不仅可以增加粉丝的黏性,还能收集到宝贵的用户反馈,为后续的营销活动提供参考。

3) 植入式营销

在微博内容中巧妙地融入楼盘信息、品牌理念等元素,使粉丝在浏览微博时自然接受相关信息。可以与热门话题、明星八卦等相结合,以轻松有趣的方式呈现楼盘信息,提高信息的传播效果。

4) 内容营销

制作高质量的微博内容,包括图文、视频等多种形式,展示楼盘的实景、户型、周边环境等,提供有价值的购房信息。定期发布行业趋势分析、购房指南等内容,提升粉丝对房地产行业的认知度,增强其对企业的信任感。

5) 广告投放

利用微博平台提供的广告投放工具,进行定向广告投放,根据用户兴趣、地理位置等信息,将广告内容推送给目标受众。这种方式能够更精准地触达潜在客户,提高广告的转化效果。

6) 合作与资源整合

与其他品牌、意见领袖或机构进行合作,共同推广房地产项目,扩大营销范围。同时,与其他媒体平台进行联动,形成多渠道营销网络。

(二) 微博营销的主要策略

1. 涨粉策略

1) 提高微博内容质量,提升购房者感知价值

内容质量是吸引粉丝的基础。对于房地产企业或项目而言,微博内容应该聚焦房地产市场动态、项目进展、户型解析、购房技巧等购房者关心的话题。同时,要注重内容的原创性和专业性,通过独特的视角和深入地分析,提供有价值的房地产资讯。例如,可以定期发布项目施工进度的图文直播,让粉丝了解项目的最新进展,如图 5-10 所示。

图 5-10 某楼盘微博发布实例

2) 深度互动,提高企业与购房者的关系黏性

互动是建立企业与购房者之间紧密关系的重要途径。企业可以通过回复评论、私信互动、发起话题讨论等方式,积极与粉丝进行沟通交流。同时,还可以利用微博的投票、问

答等功能,收集粉丝的意见和建议,让粉丝参与到项目的规划和改进中。图 5-11 为微博投票发布实例。

图 5-11　微博投票发布实例

3)做好微博活动策划,提高购房者线下的参与程度

微博活动是提高购房者线下参与程度的有效手段。企业可以策划一些与项目相关的线下活动,如开放日、品鉴会、优惠活动等,并通过微博进行宣传和推广。同时,还可以设置一些线上参与门槛,如转发抽奖、邀请好友参与等,鼓励粉丝积极参与线下活动。通过线上线下的有机结合,不仅可以提高购房者对项目的了解和关注度,还可以增加购房者的参与感和归属感,进一步提升企业与购房者之间的关系。图 5-12 为微博转发抽奖活动实例。

图 5-12　微博转发抽奖活动实例

4)增强企业领袖的参与度,提高企业微博影响力

企业领袖的参与是提高企业微博影响力的关键因素。企业领袖可以通过微博分享自

己的见解和观点,展示企业的核心价值和文化理念。同时,还可以与粉丝进行互动交流,回应粉丝的关切和疑问,展现企业的亲和力和责任感。此外,企业领袖还可以利用微博平台进行品牌宣传和推广,通过分享企业的成功案例、创新理念等,提升企业的知名度和美誉度。图5-13为企业领袖参与实例,此账号拥有者为湖南某公司董事长。

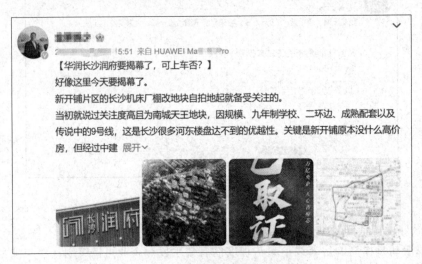

图5-13　企业领袖参与实例

2. 广告植入策略

1)用户体验独白

人们每天都在微博里记述自己的生活经验和感受,这些内容一定会有相当比例涉及自己使用的产品。这些评论就构成了真实的口碑。如果发起一个活动,让使用企业产品的用户来主动讲述自己的产品体验——无论好的体验还是坏的体验,给予体验独白用户一定的小奖励,就能激发用户向朋友传播这个品牌。

2)"段子"植入

好玩、幽默、人生感悟的"段子"(有时配上图片和视频)总是能让大众喜欢——喜欢理由如同人们喜欢听相声、脱口秀的理由一样。因此,房地产企业微博把品牌植入这些受欢迎的"段子"之中,受众一般不会反感,反而会赞叹创意的精妙。

3)舆论热点植入

针对热点人物可以设计广告。每个节庆日、体育赛事都会涌现舆论热点,可以抓住这些热点植入广告。舆论热点有发生、成长、高潮、退潮四个阶段,要敏锐地觉察舆论热点的发展过程,不要等热点退潮后再做文章,那时已经了无新意,引不起观众的兴趣了。

4)活动植入

举办线上互动活动,如抽奖、问答、投票等,鼓励用户参与并分享相关信息。通过活动奖励和互动体验,增加用户对项目的关注度和好感度。

3. 营销效果评估

1)"粉丝"数量和"粉丝"增长速度

"粉丝"是微博营销的基础,不管是"粉数量"还是"粉丝"的增长速度,都是微博营销人员必须关注的数据。一个健康的、有潜力的微博应该具有一定的"粉丝"数量,且能保证微博"粉丝"保持持续增长。

2)"粉丝"活跃比

大部分拥有一定粉丝基础的微博账号,也同时拥有很多不活跃的"粉丝",俗称"僵尸粉"。不活跃的"粉丝"没有实际意义,因此在分析微博"粉丝"时,应该关注实际的活跃"粉丝",即关注会不同程度使用微博点赞、转发、评论功能的"粉丝"。

3)阅读量

发布微博后,在发布微博的界面可以查看该微博截至目前的阅读量。阅读量相当于被微博用户看到的次数,不仅仅局限于微博"粉丝"查看的次数阅读量越大,说明该微博信息被阅读的次数越多,因此阅读量越大的微博,传播能力越强。

4)互动情况

互动是微博非常重要的功能,微博用户的转发、评论、点赞都属于互动。互动情况可以直接反映微博主和微博内容的受欢迎程度,也代表着微博"粉丝"对微博的参与度。

二、房地产项目微信营销

(一)微信营销认知

1. 微信营销的概念

微信营销是一种利用微信平台进行的网络营销方式,它允许企业或个人通过微信的社交功能向目标用户群体传递信息,以实现品牌推广、产品销售和用户互动的目的。

2. 微信营销的特点

1)互动性强

微信营销能够实时地与消费者进行互动,通过聊天、评论、点赞等方式,增强用户参与感,提升品牌认知度。企业可以迅速获取用户反馈,及时调整营销策略。

2)精准度高

微信平台提供了丰富的用户数据,包括性别、年龄、地域、兴趣等,使得企业能够更精准地定位目标用户群体,实现个性化推送。此外,通过微信公众号、小程序等工具,企业还可以对用户行为进行深入分析,优化营销策略。

3)传播速度快

微信拥有庞大的用户基数和高度活跃的社交环境,使得信息在微信平台上能够迅速传播。通过朋友圈分享、公众号转发等功能,企业可以轻松实现病毒式营销,扩大品牌影响力。

4)成本较低

相较于传统营销方式,微信营销的成本相对较低。企业只需投入一定的时间和精力进行内容创作和运营,即可获得可观的营销效果。同时,微信平台还提供了多种免费或低成本的推广工具,如朋友圈广告、公众号文章等,进一步降低了营销成本。

5)形式灵活多样

微信营销支持文字、图片、语音、视频等多种形式的内容创作,使得企业可以根据自身特点和目标用户群体的喜好,灵活选择营销方式。此外,微信还提供了小程序、公众号、企业微信等多种营销工具,使得企业能够更全面地满足用户需求,提升营销效果。

3. 微信营销的主要方式

1）微信公众号营销

通过创建并运营微信公众号,定期发布内容（如文章、图片、视频等）来吸引和保留粉丝。这种方式可以有效地传播品牌信息,提高品牌知名度,并且可以与粉丝进行实时互动,增强用户黏性。同时,微信公众号还提供了丰富的营销插件,如优惠券、会员系统等,可以帮助企业更好地推广产品和服务,如图5-14所示。

2）微信小程序营销

利用微信小程序进行产品或服务的展示和销售。小程序具有即用即走的特点,用户无须下载安装即可使用,方便快捷。通过开发具有吸引力的微信小程序,企业可以提供更优质的用户体验,提高用户转化率。此外,小程序还可以与公众号相互关联,形成营销闭环,如图5-15所示。

3）微信朋友圈营销

利用微信朋友圈的社交属性,发布与品牌或产品相关的内容,通过好友之间的分享和互动,实现裂变式传播。这种方式可以精准触达目标客户群体,提高品牌曝光度和用户参与度,如图5-16所示。

图5-14 微信公众号营销实例　　图5-15 微信小程序营销实例　　图5-16 微信朋友圈营销实例

4）微信群营销

通过建立微信群,将目标客户聚集在一起,进行产品介绍、优惠活动推送和互动交流。群成员之间的信息共享和讨论可以激发购买欲望,提高转化率。同时,企业还可以通过分析群成员的反馈和需求,优化产品和服务。

5）微信广告营销

在微信平台上投放广告,包括朋友圈广告、公众号广告等。通过精准定位目标用户群体,选择合适的广告形式和投放时间,可以实现高效的品牌推广和产品销售。此外,微信广告还提供了丰富的数据分析功能，帮助企业更好地了解用户行为和市场需求，如图5-17所示。

（二）微信个人号营销

1. 微信个人号设置

在房地产微信个人号营销中，头像、昵称、个性签名和二维码都是非常重要的元素，它们共同构成了个人品牌形象，并直接影响到用户的认知和信任度。图5-18为某房地产经纪人的个人账号。

图5-17　微信广告营销实例

图5-18　某房地产经纪人的个人账号

1）头像

人与人接触的前3秒是非常重要的。很多时候，建立起对他人的第一印象往往从微信头像开始，它代表了用户的形象，也是个人品牌的"门面"。营销者可通过这两种方式设置微信头像。

（1）与专业或职业贴近。可选择与自己的专业或职业贴近的头像，体现个人的专业度和品牌形象。例如，理财等行业的从业人员，其头像风格应是正式、严谨的，这样才能使用户产生信任感；如果是销售、咨询等行业的从业人员，那么头像可以采用阳光帅气、温和轻松的风格，用头像传达出自己对生活和情感的态度，让用户产生亲切感。

（2）与专业或职业贴近。可选择与产品、服务、个人品牌相关的图片，给人一目了然的感觉。

2）昵称

昵称是用户在微信中识别你的重要依据，对于房地产营销人员来说，昵称的选择应简洁、易记且具有相关性，选择昵称可从以下两方面考虑。

（1）真实姓名或别名。使用真实姓名或易于记忆的别名，有助于建立信任感。

（2）房地产相关词汇。在昵称中加入与房地产相关的词汇，如"房产顾问""置业专家"等，突出专业领域。

值得注意的是，在昵称前巧妙地加上字母"A"，可使账号在好友通讯录中占据醒目的前排位置,便于他人快速找到。同时,在昵称后附上联系电话,方便潜在的客户或合作伙伴取得联系,实现高效沟通。

3) 个性签名

个性签名是展示个人态度和品牌理念的简短文字,对于房地产营销来说,个性签名的设置应简洁明了、有吸引力。个性签名关注以下内容。

(1) 传递正能量。使用积极、正面的语言,传递出你的热情和信心,感染用户。

(2) 突出专业优势。简要介绍你的专业特长或服务理念,如"专业房产咨询,为您置业保驾护航"。

4) 二维码

二维码是用户快速添加你为好友的工具,对于房地产营销来说,二维码的设计和使用也是关键一环,应做到以下三点。

(1) 简洁明了。二维码图案应简洁明了,避免过多的装饰和干扰元素。

(2) 品牌元素。在二维码中加入品牌标识或 Logo,强化品牌印象。

(3) 方便获取。将二维码分享到朋友圈、公众号或其他渠道,方便潜在用户扫描添加。

2. 朋友圈广告发布技巧

微信朋友圈是展示自身形象的常用窗口,也是个人微信号营销的重要途径。要想取得持续、有效的营销效果,需要综合考虑内容、形式、时间以及互动等多个方面。

1) 广告内容策划

(1) 突出项目亮点。重点展示项目的独特卖点,如地理位置、户型设计、配套设施等,让受众一眼就能了解项目的核心价值。

(2) 采用故事化叙述。通过讲述与项目相关的故事或情景,让受众产生共鸣,增加广告的吸引力。

(3) 使用简洁明了的语言。避免冗长的文字描述,用简短有力的语言直击要点,让受众迅速理解广告内容。

2) 广告形式选择

(1) 图文并茂。结合高质量的图片和简洁的文字,使广告内容更加直观、生动。

(2) 短视频。利用短视频形式展示项目的动态效果,增强视觉冲击力,提高广告的点击率。

(3) 创意海报。设计具有创意和美感的海报,吸引受众的眼球,提升品牌形象。

3) 广告发布时间

(1) 高峰时段发布。选择在用户活跃的高峰时段发布广告,如晚上 8 点至 10 点,提高广告的曝光率。

(2) 定期更新。保持一定的更新频率,让受众持续关注项目动态,同时避免广告内容过时。

4) 广告互动与回应

(1) 鼓励互动。在广告中设置互动环节,如提问、投票等,引导受众参与讨论,增加广告的互动性。

（2）及时回复。对于受众的评论和疑问，要及时回复，展现专业性和亲和力，提升用户满意度。

（三）微信公众号营销

1. 微信公众号选择

微信公众号主要包括服务号、订阅号、小程序和企业微信四种类型，如图 5-19 所示。每种类型的使用方式、功能、特点均不相同，房地产企业或项目营销公众号一定要选择最适合自己的类型，这样才能达到预期的营销推广效果。

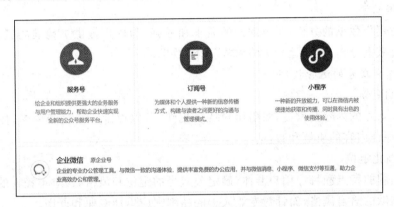

图 5-19　微信公众号类型

1）服务号

只面向企业或组织机构申请注册，申请后自带自定义菜单。认证后可以有高级接口，每个月可群发 4 条消息。服务号的消息出现在微信聊天列表中，会像收到消息一样有提醒。

2）订阅号

订阅号具有信息发布和传播能力，可以展示自己的个性、特色和理念，树立自己的品牌文化。订阅号主要偏向于为用户传达资讯，每天可以群发一条消息，具有较大的传播空间。如果想简单地发送消息，达到宣传效果，可选择订阅号。订阅号的消息折叠出现在订阅号的文件夹中，用户不会收到微信提醒。

3）小程序

小程序是一种新的开放功能，具有出色的使用体验，可以在微信内被便捷地获取与传播，适合有服务内容的企业或组织注册。用户可以通过扫码或搜索即可访问小程序，无须占用手机存储空间。

4）企业微信

企业微信主要用于公司内部，具有实现企业内部沟通与协同管理的作用。用户需要先验证身份才可以成功关注企业微信号。

2. 微信公众号营销策略

1）内容营销

发布有价值的内容，吸引用户关注，内容可以包括行业资讯、产品介绍、活动预告等，要注重内容的原创性和独特性,避免重复和泛滥。

2)互动营销

通过设置互动环节,提高用户的参与度,举办线上问答、抽奖、投票等活动,让用户在参与的过程中加深对品牌和产品的认识。

3)社交营销

利用微信的社交属性,扩大品牌的传播范围,可以通过合作推广、朋友圈转发等方式,让更多的人了解和使用企业的公众号。

4)数据营销

通过对用户数据的分析,了解用户的需求和喜好,为用户提供更精准的服务和推荐,也可以通过数据分析,优化运营策略,提高营销效果。

3. 微信公众号的运营技巧

1)定期更新

保持公众号的内容新鲜度,吸引用户持续关注,可以设定一个更新频率,如每周一篇原创文章,保证内容的质量和数量。

2)个性化定位

根据品牌的特点和目标用户群体,确定公众号的定位和风格,针对年轻人的品牌可以采用轻松幽默的语言风格,而针对专业人士的品牌则应更加专业和严谨。

3)用户服务

及时回复用户的留言和问题,提高用户的满意度和忠诚度,也要注重收集用户反馈,不断优化和完善服务。

能力训练

1. 各小组分工合作,为样本楼盘精心策划一周的微博营销内容,确保每天准时发布一条。内容需精准传达项目核心卖点,形式丰富多样,力求吸引目标用户群体的广泛关注。同时,通过富有创意的互动方式,激发粉丝的参与热情,提高微博的转发率。在每条内容发布后的次日,记录并分析微博营销的点赞、评论和转发等数据,及时优化营销策略。

2. 小组成员充分发挥微信朋友圈的影响力,每日将微博营销内容同步至朋友圈,进一步扩大宣传范围。同样,在每条消息发布后的次日,记录并分析相关的点赞、评论和转发数据,为优化营销策略提供有力支持。

3. 一周结束后,各小组将派出代表,在分享会上展示小组成果,交流经验,共同提升"微"营销能力。

拓展阅读 5-3
微信营销案例

任务四　房地产项目短视频营销

任务目标

1. 了解短视频营销的概念、特点、类型和策略。
2. 掌握短视频制作流程。
3. 熟悉短视频营销的技巧。
4. 能利用短视频平台开展营销。
5. 具备互联网自我学习能力和团队合作能力。

任务背景

2022年,网络视听应用首次超越即时通信,跃居成为第一大网络应用,2023年其用户规模继续扩张,与位居第二的即时通信之间的差距进一步拉大,用户规模达到了10.74亿。其中短视频直播拉动消费效应明显,七成以上用户因看短视频/直播购买商品。同时,基于短视频平台的营销玩法日益丰富与成熟,成为当下热门的营销手段,房地产行业也在积极融入这一互联网潮流,如"碧桂园"抖音号粉丝数已破250万,自2018年6月起已发布作品300余部。面对这一趋势,方圆连同其所在的策划组应该如何紧跟时代步伐,巧妙地利用短视频平台开展高效的短视频营销,已成为其当前亟待解决的关键新任务。

知识准备

一、短视频营销认知

(一) 短视频营销的概念

短视频营销是利用短视频平台和社交媒体平台,通过制作、发布和推广短视频来宣传产品、服务和品牌的新型营销方式。

(二) 短视频营销的优势

视频营销将"有趣、有用、有效"的"三有"原则与"快速"结合在一起,使越来越多的企业选择网络视频作为重要的营销工具。具体来说,视频营销具有如下优势。

1. 内容精炼与视觉冲击力强

短视频通常时长在几十秒到几分钟,内容精简紧凑,能够在短时间内传达品牌的核心信息。同时,短视频以图像和声音为主要传播方式,具有强烈的视觉冲击力和感染力,能迅速吸引受众的注意力,激发他们的情感共鸣。

2. 多样性与互动性强

短视频营销的内容形式丰富多样,涵盖娱乐、搞笑、实用、教育等多个方面,满足不同受众的需求。此外,短视频能够通过评论、点赞、分享等方式与受众进行互动,增强受众的参与感和黏性,收集用户反馈,为品牌提供有价值的数据和信息。

3. 精准定位目标受众

借助短视频平台的用户画像和定位功能,品牌可以精准地定位目标受众,投放广告和发布内容,提高营销效果和转化率。

4. 病毒式传播与低成本营销

短视频营销具有病毒式的传播速度,只要内容质量高,就能在短时间内大面积传播。同时,相较于传统广告营销,短视频营销的进入门槛更低,成本也相对减少,适合各种规模的企业和个人创作者。

5. 数据效果可视化

短视频营销能够直观展示视频的传播范围及效果数据,包括播放量、点赞数、评论数、分享次数等,便于品牌分析和优化营销策略。

(三) 房地产类短视频账号的类型

从内容形式上看,房地产类短视频账号有品牌项目宣传类、房产知识讲解类、故事类、探盘类和创意剧场类五种主要类型,各类型内容特点和相关案例如表5-4所示。

表5-4 房地产类短视频账号类型及内容特点

账号类型	内容特点
品牌项目宣传类	这类账号专注于呈现开发商的精品项目与独特品牌魅力,通过展示项目的独特卖点、服务特色、品牌故事与文化等,让观众感受品牌的实力与匠心,为项目赢得更多关注和赞誉
房产知识讲解类	这类账号主要提供关于购房、楼市、房产政策等方面的知识讲解和解读,帮助观众了解房产市场的最新动态和趋势
故事类	通过讲述与买房、楼市相关的故事来吸引观众,内容可以是有趣、有看点、有议论的话题,或者涉及房产纠纷等,让观众在娱乐中学习房产知识
探盘类	这类账号基本上是中介端在做。一般专注笋盘、豪宅别墅或者价格、位置特殊的房子,进行实地拍摄和讲解评测,让观众更直观地了解房产项目的实际情况
创意剧场类	拍摄与地产和楼市相关的短剧,内容需要有一定的创意和拍摄技术,能够吸引观众的眼球,并传递出相关的房产信息

需要注意的是,这些类型并不是孤立的,很多账号可能会结合多种内容形式来创作更具吸引力和创新性的短视频,以便更好地满足观众的需求,提升品牌形象和市场竞争力。

(四) 短视频营销的策略

1. 确定目标受众

企业应该根据自身的经营特点和目标用户,确定短视频的受众群体和宣传重点。例如,针对不同的客户群体制作不同风格的短视频,以吸引更多的潜在客户。

2. 制作创意精美的短视频

短视频的内容应该创意新颖,视觉美观。既要让消费者产生共鸣,又要让消费者感受到企业的特点和优势。同时,短视频也需要结合宣传目的和受众群体,设计出不同的营销策略。

3. 发布视频并定期更新

发布视频后,企业应该关注评论和点赞率,并根据反馈调整宣传策略。此外,定期更新短视频也是提升用户体验的关键。

4. 整合跨平台推广

企业应该将短视频与其他平台相结合,如微博、微信、QQ 等,形成全渠道的营销推广,提高短视频营销的曝光率和效果。此外,还可以利用社交媒体平台分享短视频,吸引更多的用户体验企业产品和服务。

5. 追踪营销效果

企业应该进行实时跟踪和分析视频发布后的数据,了解短视频营销的效果和改进方向。只有不断优化和完善短视频营销策略,才能实现营销效果。

二、短视频制作流程

房地产类短视频拍摄制作流程涉及五个主要环节,如图 5-20 所示。

图 5-20 房地产类短视频拍摄制作流程

(一)拍摄前的准备

1. 拍摄设备准备

根据短视频的内容和形式,准备相应的拍摄设备,主要包括摄影设备、录音设备和灯光设备。摄影设备根据拍摄需求选择适合的相机或手机,并准备好稳定器、三脚架等辅助设备,确保画面稳定。制作航拍短视频通常还需要无人机、航拍摄像机等航拍器材。录音设备选择质量好的麦克风或录音器,确保音频清晰无杂音。灯光设备根据拍摄场景选择合适的灯光设备,如补光灯、反光板等,以营造合适的氛围和光影效果。

2. 场地道具准备

提前到拍摄场地进行勘查,了解环境布局、光线条件等,以便在拍摄时能够迅速布置和调整。同时准备必要的素材和道具,如户型图、宣传册、背景板等,以便在拍摄中使用。

3. 人员安排

确定拍摄团队人员,包括摄影师、导演、演员、化妆师、助理等,明确各自职责,确保拍摄过程协调有序。

(二)内容规划

1. 策划与创意

根据目标和定位,确定短视频主题与风格,这有助于后续的场景布置、拍摄手法以及后期剪辑的选择。短视频主题可以从项目展示、市场分析、知识普及、互动答疑、品牌宣传等方面选择。短视频风格是指视频制作中展现的独特表现方式和氛围，它涵盖了画面的色调、构图、叙事方式、音乐音效以及剪辑手法等多个方面。

2. 脚本编写

根据主题和风格，编写详细的脚本，明确每个镜头的拍摄内容、台词和动作、时长等，为拍摄提供指导。随着人工智能技术的飞速发展，近年来许多平台提供脚本编辑模板或脚本编辑 AI 软件，它们不仅大大提高了工作效率，还为创作者提供了无限可能。例如，剪映提供"创作脚本"功能，抖音即创平台提供"AI 视频脚本"创作项目。

（三）视频拍摄

1. 布置场景

根据脚本要求，布置拍摄场景，包括调整灯光、摆放道具等，营造出符合主题的氛围。

2. 正式拍摄

按照脚本进行拍摄，注意保持画面的稳定性和清晰度，同时捕捉房地产项目的独特之处。在拍摄时，可灵活运用推、拉、摇、移、跟、升、降、环绕镜头这八大基础运镜手法，以呈现出更加生动、丰富的视觉效果，使观众能够更深入地了解和感受房地产项目的魅力。

3. 素材收集

在拍摄过程中，注意收集各种素材，以便剪辑时使用。例如，楼盘外观、内部空间、周边环境等项目内容素材，成交业主反馈、人物访谈与解说等销售实证素材，音乐与音效素材等。

（四）视频剪辑

1. 初步剪辑

将拍摄的素材进行初步剪辑，去除冗余部分，保留精彩片段。

2. 特效与音效处理

根据需要，为视频添加特效、音效和背景音乐等，提升观感。

3. 字幕与配音

添加必要的字幕和配音，解释画面内容，增强信息传递效果。

目前市面上有许多短视频剪辑软件可供选择，其中一些常用的软件包括 Adobe Premiere Pro、Final Cut Pro、抖音官方的剪映、快手的快影等。这些软件功能强大，操作简便，支持多种视频格式和特效，可以帮助用户轻松完成短视频的剪辑和制作。

（五）视频发布

1. 平台选择

选择合适的短视频平台进行发布，如抖音、快手、微博等。

2. 标题与描述

为短视频编写吸引人的标题和描述，突出房地产项目的特点和优势，增加点击率和观看量。

3. 发布与推广

将短视频在合适的时机发布到所选平台，并通过社交媒体、广告等方式进行推广，吸引更多目标受众观看。发布后,关注短视频的数据表现,如播放量、点赞量等,以便后续优化和改进。

三、短视频营销的技巧

(一)房地产类短视频账号包装

1. 头像

头像应使用高清、专业的房地产相关图片,可以是品牌 Logo、项目效果图或标志性建筑等。这样的头像能够直观地展示房地产行业的专业性和品牌形象,同时也有助于用户快速识别并记住账号。

2. 昵称

昵称应简洁、易记,且能体现房地产的特色。可以考虑使用品牌名、项目名或相关的房地产术语作为昵称,同时确保昵称在各大社交平台保持一致,便于用户搜索和记忆。例如,姓名+行业关键词、姓名+地区+行业关键词、姓名+技能等。

3. 个性签名

个性签名可以展示账号的定位、服务理念或宣传口号。可以是一些房地产行业的理念、口号或特色优势,以展示账号的专业性和独特性。

4. 背景

背景图应与头像和昵称相协调,形成一个统一的品牌形象。可以使用与房地产相关的图片或设计元素,如城市风光、建筑群落等,以营造专业、高端的氛围。

需要注意的是,为了确保与微博、微信等社交平台形象的一致性,建议在设计过程中参考这些平台的现有形象,保持色调、风格和设计元素的统一。同时,还可以利用这些平台的品牌资源,如品牌 Logo、宣传语等,增强品牌形象的一致性和识别度。如图 5-21~图 5-23 所示为某知名地产公司的抖音、微博和微信公众号形象。

图 5-21 某知名地产公司抖音账号形象

图 5-22 某知名地产公司微博账号形象

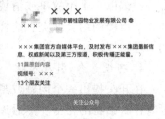

图 5-23 某知名地产公司微信公众号形象

(二)主要运营指标提升技巧

不同短视频平台的运营指标虽略有不同,但主要有点赞量、评论量、转发量、收藏量和完播量五个方面。

1. 点赞量

发布有趣、有启发性的内容,引导用户在观看后点赞。同时,积极回应用户评论,增加互动,提高用户满意度和点赞意愿。例如,"点赞支持一下,让更多人看到我们的好房源!""点赞过千,我们下期揭晓更多房源细节!"等。

2. 评论量

在视频内容中设置话题或问题,引导用户发表观点和看法。同时,及时回复用户的评论,增加互动,提高评论区的活跃度。

3. 转发量

创作有传播价值的内容,如独特的项目介绍、实用的购房指南、购房经验分享等,激发用户的分享欲望,并解释转发的好处,如"转发给需要的朋友,一起了解更多好房源"。同时,可以利用优惠活动或限时折扣等促销手段,鼓励用户转发视频。

4. 收藏量

制作具有实用价值的视频内容,如购房攻略、装修指南等。在视频描述中强调视频的收藏价值,如"收藏本视频,购房路上不迷路!"同时也提供一些独家内容或优惠,仅对收藏用户开放,增加收藏的动力。

5. 完播量

通过优化视频标题、封面和开头部分,吸引用户点击并观看完整视频。同时,控制视频时长和内容节奏,确保用户在观看过程中保持兴趣。

(三) 短视频开头的处理技巧

1. 开门见山,直击亮点

在开头的前几秒内,迅速点出房源的核心亮点,如优越的地理位置、精美的装修、宽敞的空间等。这样可以立即引起观众的兴趣,并让他们对整个视频充满期待。

2. 画面精美,视觉盛宴

开头使用高清、精美的画面,展示房源的外观、内部装修和周边环境。精美的画面能够吸引观众的眼球,并让他们对房源产生好感。

3. 故事引领,情感共鸣

尝试以一个小故事或情境作为开头,比如一个家庭在房源中快乐生活的场景,或者描述一个浪漫的约会地点。这样的开头能够引发观众的情感共鸣,并增加他们对视频内容的兴趣。

4. 巧设悬念,引人入胜

在开头提出一个问题或悬念,例如,"你能否想象住在这个梦幻般的房子里?""这个房源有什么独特的秘密?"然后逐步揭晓答案,保持观众的好奇心。

5. 简短介绍,精彩预览

开头部分简要介绍视频内容,同时以提问方式引导观众思考,并展示部分精彩片段的预览。这样既能让观众对整个视频有初步了解,又能激发他们的观看欲望,期待更多精彩内容。

(四) 短视频结尾的处理技巧

1. 总结亮点,强化记忆

在视频结尾,对房源的核心亮点进行简明扼要地总结,强化观众对房源的记忆,这有助于观众在视频结束后仍能清晰地回忆起房源的优势和特色。例如,"回顾一下这个房源的几大亮点:豪华装修、宽敞空间、便利交通和优美环境。如果你正在寻找理想的居住空间,这个房源绝对值得你考虑。别忘了关注我们,获取更多精彩内容!"

2. 设置悬念,留有期待

在结尾处设置一些悬念,引发观众的好奇心,或者做系列视频,促使他们继续关注或参与后续活动。例如,"在这套房源的地下室,我们还隐藏了一个神秘的空间。您想知道这个空间是用来做什么的吗?敬请关注我们下一期的视频,为您揭晓答案!"

3. 提供福利,激发兴趣

结尾部分可以透露一些额外的福利或优惠信息,如看房团活动、折扣优惠或专属礼遇等,以激发观众的兴趣和参与度。例如,"想要了解更多房源信息或者享受专属优惠吗?快来参加我们的看房团活动吧!前100名报名的观众还将获得精美礼品一份,赶快行动吧!"

4. 直播预告,提升人气

在结尾处预告即将进行的直播活动,邀请观众参与互动,了解更多房源信息。例如,"想要更直观地了解这套房源吗?下周五晚上,我们将在直播间进行一场实景看房活动,届时将带您走进房源内部,感受它的真实魅力。记得准时参加哦,我们不见不散!"

5. 呼吁行动,引导关注

在视频结尾,通过明确地呼吁,引导观众进行关注、点赞、留言或分享等互动行为。这不仅能增加视频的曝光度,还能为潜在客户提供进一步的了解和咨询渠道。例如,"如果你对这个房源感兴趣,别忘了点击关注我们的账号,获取更多房产资讯和优惠信息。同时,也欢迎在评论区留言,分享你的看法和建议。让我们一起打造更好的购房体验!"

能力训练

1. 各小组分工合作,利用抖音、快手、小红书等短视频平台开展调研,精心挑选2~4个点赞量超5万的房地产类短视频作品,分析其成功之处,包括但不限于作者账号包装、拍摄场景布置、短视频开头结尾处理技巧、评论区互动技巧等。

拓展阅读5-4
抖音短视频推流机制

2. 任选一个短视频平台为样本楼盘注册账号,并进行包装,将账号打造成与本组样本楼盘相匹配的专业形象,包括但不限于头像、昵称、简介等。

3. 学生分组讨论,派代表分享小组成果。

任务五 房地产项目直播营销

任务目标

1. 了解直播营销的概念、特点和四大要素。
2. 掌握直播营销硬件筹备。

3. 熟悉直播营销环节设计。
4. 能利用直播营销技巧开展营销。
5. 具备互联网自我学习和创新能力。
6. 具备互联网自我学习能力和团队合作能力。

任务背景

网络直播,作为网络视听领域的第二大应用,截至 2023 年 12 月,其用户规模高达 8.16 亿,仅次于短视频。在这股汹涌澎湃的互联网浪潮中,传统的地产营销方式正在短视频直播平台上焕发新生,促使众多传统的房产经纪人纷纷转型,成为专业的房产主播。因此,方圆所在的项目组也紧跟时代步伐,将直播作为关键的营销手段,以此开拓新的市场机遇。

知识准备

一、直播营销认知

(一) 直播营销概念

直播营销是指在现场随着事件的发生、发展进程同时制作和播出节目的营销方式,该营销活动以直播平台为载体,达到企业获得品牌的提升或销量的增长的目的。

具体来说,就是通过直播场景的搭建,直播环节的创意设计,在主播与观众的互动过程中,巧妙地将产品或企业信息植入直播活动中,引导或带动目标受众进行品牌传播或产品购买。

(二) 直播营销特点

1. 实时性

直播营销的活动内容一定要具有实时性,只有实时发生的热点、重要突发事件,才能引起大家的关注,聚集起大量的观众,通过直播现场的渲染,打造出成功的事件营销效果。

2. 互动性

直播时能在短时间内拉近主播与用户、用户与用户之间的距离。通过直播平台,可以更好地开展品牌推广、新品发布、经验分享、用户答疑等活动,在与用户零距离地互动交流过程中,帮助企业树立品牌形象,聚集潜在目标客户,以及进一步增加客户黏度。

3. 真实性

直播营销活动更直观形象的实时画面、影音交流,相较传统营销中的文字、图片等宣传信息,显得更为真实。文字、图片甚至是视频,都可以进行后期剪辑加工,因此直播的即时性影音信息更容易获得用户的信任。

(三) 直播营销四大要素

房地产直播营销的四大要素主要包括场景展示、人物互动、产品解读和创意策划,如图 5-24 所示。

图 5-24　房地产直播营销四大要素

1. 场景展示

在房地产直播营销中,场景的展示至关重要。通过直播技术,能够实时、全面地展示房地产项目的外观、内部空间、周边环境等。精心设计的直播场景不仅能够突出项目的特色和优势,还能够给观众带来身临其境的感受,提升他们对项目的认知和兴趣。

2. 人物互动

主播或销售代表是直播营销中的关键人物。他们需要与观众进行积极地互动,解答疑问,提供专业的购房建议。主播的专业素质、沟通能力和个人魅力直接影响到观众的观看体验和信任度。因此,选择经验丰富、熟悉房地产市场的主播,以及培训他们具备良好的互动能力,是提升直播营销效果的重要一环。

3. 产品解读

在直播过程中,对房地产项目的详细解读是必不可少的。这包括项目的地理位置、户型设计、配套设施、价格政策等方面的介绍。通过清晰、准确的产品解读,观众能够更全面地了解项目的价值和优势,从而作出更明智的购房决策。

4. 创意策划

创意策划是提升房地产直播营销效果的关键。通过创新的直播形式、有趣的内容设计以及独特的互动环节,能够吸引更多的观众参与并关注直播。例如,可以组织线上看房团、邀请知名房产专家进行直播分享、开展互动抽奖等活动,增加直播的趣味性和吸引力。

二、直播营销硬件筹备

(一)直播场地

1. 室内场地

室内场地可以优选楼盘的样板间、售楼处等具备展示功能的室内空间。直播前,可以根据活动的主题和宣传内容,对直播室进行恰当的装饰,有条件的可以结合 VR 全景地图技术,以营造更为真实、全面的房源展示体验,如图 5-25 所示。

2. 户外场地

如果直播内容需要展示房地产项目的外部环境、园林景观或周边配套设施,那么室外场地如小区花园、周边商圈等就是更好的选择。这些场地能够展示房地产项目的外部环境和整体风貌,给观众带来直观的视觉感受,如图 5-26 所示。

图 5-25　房地产室内场地直播实例　　　图 5-26　房地产室外场地直播实例

（二）活动道具

在房地产项目的直播活动中，活动道具的选择至关重要，主要有主产品和宣传耗材两大类别。主产品涵盖了楼盘模型、户型展板以及指示牌等直观且实用的道具，能够精准地展现项目的整体规划、详尽的户型布局以及独特的项目卖点。宣传耗材及用品包括在直播场景中出现的活动海报、主播及嘉宾等佩戴的胸卡、臂贴、手卡、现场装饰、场景搭建道具等所有物品。

（三）直播设备

直播设备主要指进行视频录制时所需要的拍摄设备，主要有摄像设备、音频设备、照明设备和网络设备。此外，根据直播的规模和需求，可能还需要配备其他设备，如计算机、手机、绿幕等。

三、直播营销环节设计

总体来说，直播营销环节应该包含思路设计、策划筹备、直播实施、后期传播、活动评估五个部分，如图 5-27 所示。

图 5-27　直播营销环节设计

（一）思路设计

1. 明确直播营销目的

房地产直播营销的主要目的在于通过直播形式展示房地产项目的优势，提升项目的知名度和美誉度,吸引潜在客户的关注,并最终促进销售。通过直播营销,可以更加直观、生动地呈现项目的特点,使客户对项目有更深入的了解,从而提高购房意愿。

2. 选择直播营销方式

房地产项目直播营销的方式多种多样,可以根据项目的特点和目标受众的需求选择合适的营销方式,其主要营销方式有以下四种。

1) 场景直播营销

这种方式通过直播展示房地产项目的实际场景,使观众能够身临其境地感受项目的环境、配套设施以及空间布局。在直播中,可以特别展示项目的卖点,如优美的景观、先进的设施或独特的设计。此外,结合专业摄影师的镜头和主持人的解说,可以全方位地呈现项目的细节和优势,吸引潜在客户的兴趣。

2) 互动直播营销

互动是直播营销中的关键环节。在房地产项目直播中,可以通过提问、抽奖、投票等形式与观众进行互动,增强观众的参与感和黏性。同时,及时回答观众的问题,解决他们的疑虑,有助于提升项目的信任度和好感度。此外,还可以邀请行业专家或设计师进行在线解读,提供专业的购房建议和意见,增加直播的权威性和可信度。

3) 优惠直播营销

为了吸引更多观众关注和参与,可以在直播中推出一些优惠活动,如限时折扣、购房赠品等。这种方式能够激发观众的购买欲望,促进销售转化。同时,通过直播营销可以实时传递优惠信息,提高信息的传播效率和覆盖面。

4) 跨界合作直播营销

与其他行业或品牌进行跨界合作,共同开展直播营销活动,也是一种有效的方式。通过合作,可以扩大项目的受众群体,吸引更多潜在客户的关注。例如,可以与家居品牌、装修公司等进行合作,展示项目的家居配套和装修效果,提升项目的整体价值。

(二)策划筹备

直播营销策划筹备环节,除了前面所讲到的软硬件筹备外,更重要的是对直播营销活动的整体策划,即直播营销方案的制订。直播方案一般包括直播目的、直播概述、人员分工、时间安排、经费预算控制等内容,其撰写要点如表 5-5 所示。

表 5-5 直播营销方案撰写要点

序号	方案内容	撰写要点
1	直播目的	本次直播营销活动要达到的目的,如需要完成的销售目标、直播参与人数、活动内容转发量等
2	直播概述	概述内容包括采用的直播形式、选择的直播平台、突出的直播亮点、直播主题等信息
3	人员分工	说明人员的构成以及明确相应的分工内容,如分组说明,道具组、现场组、文案组等,需详细说明每项任务的负责人及任务内容

续表

序号	方案内容	撰 写 要 点
4	时间安排	主要包含整个直播策划和实施过程的时间节点安排,如每个小组的任务完成时间节点和直播各环节的时间节点等
5	经费预算控制	整个活动在人力、物力、信息资源等各方面的经费预算及控制
6	附件	直播脚本

拓展阅读 5-5 房地产直播脚本设计案例

(三)直播实施

分项目执行规划则是指对方案执行中的各项任务再进行细化,明确每项任务中的具体工作内容、负责人、时间节点等,方便分项目负责人对各项工作进行监控及检查。

直播过程规划则是根据直播活动环节的设计,明确各环节执行内容、相关执行人及严格的时间节点等,这样条理性的规划有利于直播当天活动的顺利进行。一旦出现突发问题,也可按照预先规划进行适当调整,确保直播效果。

(四)后期传播

直播当天的活动结束并不是整个直播活动的完结,还需要将直播活动中有价值的图片、文字、视频等信息进行二次加工,通过其他互联网新媒体传播平台进行宣传推广。二次加工的常用方式有直播视频剪辑、撰写直播软文、制作直播表情包等。通过官方微博、微信公众号、视频网站、QQ群等平台的再次发布,可能形成再一次的宣传热点,让没能参与直播活动的潜在用户了解到相关宣传信息,扩大直播活动的宣传范围及力度。

(五)活动评估

直播营销最后一个环节就是活动评估,主要包括直播活动统计数据与既定的营销目的的对比,以及直播过程中的经验教训总结。直播活动统计数据可使用直播平台后台数据分析得来的数据,在后台进行相应设置即可。同时,如果需要更细的或平台无法提供的数据,则需安排相关人员进行人工统计,也可借助专业统计分析工具。

四、直播营销技巧

(一)直播前期引流渠道

1. 官方媒体平台引流

企业的官方媒体平台,如官方网站、官方微博、微信公众号等,都属于企业的自有媒体,是具有企业标识的宣传推广渠道。直播宣传信息可以长时间放在平台首页显眼的地方,曝光时长较长,便于粉丝随时查阅和转发,如图 5-28 所示。

2. 门户网站引流

通过门户网站进行硬广、软文投放预告直播信息,提升直播预告曝光度。在门户网站上投放广告,可以选择首页或相关频道的高曝光位置,以图文或视频形式展示直播预告,吸引用户点击。同时,撰写软文加入直播预告信息,以新闻或行业动态的形式呈现,既提供了有价值的内容,又巧妙植入了直播预告,增强了用户关注和期待。

3. 视频平台引流

通过录制直播活动宣传视频,几十秒的时间重点展示出直播活动的重要信息和亮点,可以达到更形象快速的传播效果。如发布到今日头条、抖音等视频平台上进行预热,如图 5-29 所示。

图 5-28　微信公众号直播预告实例　　　图 5-29　视频平台直播预告实例

4. 互动平台引流

可以借助百度知道、知乎、头条问答等互动平台发布问题,通过与平台用户的问答交流中适时地植入直播活动信息,还可以加入多个与直播内容相关的微信群、QQ 群,在直播前一天发起主题讨论,在讨论中适时发布直播信息,起到预热和引流的作用。

5. 直播平台引流

在正式直播开始前,还可以利用直播平台本身具有的"推送""提醒""发布"等功能,直接将直播信息推送给粉丝,尽量积聚现有资源,为直播活动积聚人气。

6. 线下渠道引流

除了以上各线上引流渠道,线下的实体店铺、商圈等引流渠道也可以带来不小的流量。可以通过张贴海报、抽奖活动、发送传单等传统宣传推广形式,传播直播活动信息。

(二)直播开场技巧

1. 直播开场的设计要点

1)要引起观众兴趣

开场时,主播需要通过语言、表情、道具、活动热点等方式,尽可能地快速调动起观众的兴趣和积极性。同时,还要尽量引导在线观众将直播活动分享给自己的朋友,加强直播间参与观众的在线数量。

2)营造沉浸式体验

主播需要构建一个生动、真实的购房或居住场景,使观众仿佛亲身参与购房决策或居住其中。通过高清摄像头展示房屋的布局、装修细节以及周边环境,让观众能够身临其境地感受房产的魅力。

3) 巧妙结合营销目的

通过活动、热点、奖品、现场道具等吸引观众的同时,应该适时地植入广告信息,如企业广告语、产品特色、活动详情、平台推广等有利于实现营销目的的信息。

4) 争取平台资源位置

利用直播平台资源位置,可以很好地达到推荐引流的作用,因此很多商家会通过购买的方式获取平台资源位置。但其实通过好的开场迅速积累人气,直播效果和口碑都较好的直播间,能引起平台运营人员的关注,从而进行主动推荐,如平台首页、热点榜、新人榜等。

2. 常用开场形式

1) 直白开场

这种开场形式直接、明了地介绍本次直播的主题、内容或目的,让观众在第一时间就能了解直播的核心信息。例如:

大家好,欢迎来到直播间!我是你们的主播,今天我们将带大家走进一个特别的主题——[主题内容],一起探索其中的奥秘和乐趣。

2) 数据开场

利用观众关心或感兴趣的数据来开场,通常这些数据与直播内容紧密相关,能够迅速吸引观众的注意力。例如:

家人们,大家好!根据最新数据显示,今年××行业的增长率达到了惊人的××%,这其中蕴含着巨大的商机。那么,如何把握这一机遇呢?接下来,我们一起来聊聊……

3) 问答开场

通过提出问题或引导观众思考的方式开场,旨在激发观众的兴趣和好奇心,为后续内容的展开做好铺垫。例如:

家人们,大家好!在开始今天的直播之前,我想先问大家一个问题:你们是否曾经遇到过这样的问题——[提出问题]我相信很多人都有过这样的困扰。那么,今天我将为大家解答这个问题,并分享一些实用的方法和技巧。

4) 故事开场

通过讲述一个与直播内容相关的故事来开场,这种方式能够引发观众的情感共鸣,使直播内容更具吸引力和感染力。例如:

大家好,欢迎来到今天的直播!在开始之前,我想给大家分享一个真实的故事。还记得我之前直播间提到的那位客户吗?他犹豫了半年这两天终于出手了!他选中的房子,不仅位置绝佳,而且设计独特。走一起去他的新家看看!

5) 辅助道具开场

利用一些辅助道具(如实物、模型、图片等)来开场,通过视觉上的直观展示来吸引观众的注意力,并为后续内容的讲解提供实物参照。例如:

家人们,大家好!看我手里这个精美的[道具名称],它就是我们今天直播的主角——[道具介绍]。接下来,我将通过这个道具为大家详细讲解[直播内容],让大家更加直观地了解其中的奥秘和魅力。

(三) 直播互动技巧

1. 及时响应观众提问,增强参与感

当观众对房产项目的地理位置、户型特点或价格优惠等提出问题时,主播应迅速给予回应,提供详尽解答。例如,面对关于周边配套设施的疑问,主播可以迅速展示相关图片或视频,并详细解释其便利性和优势,从而增强观众的参与感和信任度。

2. 展现灵动表情与动作,提升主播魅力

在直播过程中,主播应灵活运用生动的表情和肢体语言,如微笑、点头、挥手等,以展示对房产的热情和专业知识。同时,可以适时使用道具或模型来辅助讲解,使直播内容更加生动有趣。

3. 融入热门话题,幽默表达赢得好感

主播可以巧妙地将当前热门的房产话题融入直播中,并运用幽默诙谐的语言表达自己的观点和看法。例如,针对市场热议的某个新开盘项目,主播可以用幽默的方式分享自己的实地考察经历,或调侃一些有趣的购房趣事,从而轻松赢得观众的好感和共鸣。

4. 分享生活感受与经历,拉近与观众距离

主播可以适时分享一些自己在房产行业的工作经历和感受,如遇到的有趣客户、成功促成的交易等。这些真实的生活故事能够拉近与观众的距离,让他们感受到主播的专业性和可信度。

5. 巧用"连麦"功能,丰富直播内容

主播可以积极利用"连麦"功能,邀请房产专家、意向购房者或已成功购房的业主进行实时交流。通过连麦互动,可以共同探讨房产市场动态、分享购房经验等,为观众提供更加全面和专业的信息。同时,这种互动方式还能增加直播的趣味性和新鲜感,提升观众的观看体验。

五、直播风险防控

(一) 直播前风险防控

1. 直播设备测试

在直播前,需要对所有使用的设备进行详细测试,包括摄像头、麦克风、音响、网络连接等,以确保它们在直播过程中能够正常工作,避免因为设备故障导致直播中断或影响直播质量。

2. 直播活动环节模拟预演

在直播前,对直播活动的各个环节进行模拟预演,可以帮助主播和团队熟悉直播流程,掌握时间节奏。通过模拟预演,可以及时发现并解决可能出现的问题,确保直播过程的流畅性和连贯性。

3. 直播文案审核

直播文案是直播内容的重要组成部分,审核的主要目的是确保文案内容符合法律法规、社会公德和平台规定,避免涉及敏感或违规内容。同时,也要确保文案的准确性和清晰度,以便观众能够准确理解直播内容。

4. 侵权检查

在直播前,需要对直播间布置和直播环节中的活动道具进行侵权检查。这主要是为了确保直播内容不侵犯他人的版权、商标权等知识产权。通过检查,可以避免使用未经授权的素材或道具,从而避免可能的法律风险。

5. 应急预案

为确保直播环节的无缝进行,需精心策划应急预案,以应对可能的突发情况。预案需覆盖直播流程的详尽规划、备用设备的妥善准备以及紧急状况的快速响应机制。

(二) 直播中风险防控

直播中,对观众即时发布的言论,特别是弹幕等互动内容,须实施严格的实时监控。

在技术层面,可以利用网易云盾等专业平台提供的文本检测接口,对弹幕内容进行实时监测和过滤。这些接口能够迅速识别并拦截含有敏感词汇或违规内容的弹幕,确保直播环境的健康与安全。

在人为控制方面,大多数直播平台都设有房间管理员(房管)这一角色。房管负责实时监管直播间的弹幕环境,对于涉及黄暴、骂战、恶意刷屏以及传播不良社会价值观的违规弹幕,房管有权进行及时屏蔽,并剥夺违规弹幕发布者的发言权利。对于严重违规行为,平台应截取相关证据,并依法提交给网警处理。

能力训练

1. 各小组分工合作,利用抖音、快手、房天下直播等短视频平台开展调研,截取一段10分钟以内的直播营销视频片段,从直播营销的角度,分析该视频片段中的场景布置和营销技巧。

2. 尝试搭建直播营销硬件环境,并说明所用到的硬件设施。选用一个直播平台,完成账号注册,完成一次房地产项目相关情况推荐的直播活动,并录制成10分钟以内的视频。

3. 学生分组讨论,派代表分享小组成果。

拓展阅读 5-6
抖音房产类直播账号如何认证

课后习题

一、单项选择题

1. 企业真正的网络营销是利用好每一组工具,其中微信公众号主要功能的是( )。
   A. 预埋问答　　　　　　　　B. 铺垫软文
   C. 扩散消息　　　　　　　　D. 客户服务

2. 我国的域名管理机构是( )。
   A. 万维网(环球信息网)　　　B. 中国互联网络信息中心
   C. 万网　　　　　　　　　　D. 新网

3. 具有信息发布和传播能力,主要偏向于为用户传达资讯,每天可以群发一条消息,具有较大的传播空间,这是指( )。
   A. 订阅号　　　B. 服务号　　　C. 企业微信　　　D. 小程序

4. 微博最多可以输入2000字,但文字发布后在信息流中依然只显示(　　)字,在句末加了一个"显示全文"的提示,点击后会出现超长微博全文。
    A. 120　　　　　　B. 140　　　　　　C. 160　　　　　　D. 200

5. 对画面效果没有太高要求且预算有限的短视频创作者,选择(　　)作为摄像设备即可。
    A. 智能手机　　　B. 微单相机　　　C. 单反相机　　　D. 摄像机

6. 在开头的前几秒内,迅速点出房源的核心亮点,如优越的地理位置、精美的装修、宽敞的空间等。这样可以立即引起观众的兴趣,并让他们对整个视频充满期待。以下选项中短视频开头方式正确的是(　　)。
    A. 开门见山,直击亮点　　　　　　B. 画面精美,视觉盛宴
    C. 故事引领,情感共鸣　　　　　　D. 巧设悬念,引人入胜

7. 下列选项中是房地产类短视频账号头像选取的正确方式的是(　　)。
    A. 以背景作为头像,不亮点突出
    B. 以动物作为头像,无须多余介绍
    C. 以硬性广告作为头像,突出价值
    D. 简单清晰,头像要和名字有关联,保持统一

8. 在房地产项目直播中,可以通过提问、抽奖、投票等形式与观众进行互动,增强观众的参与感和黏性,这是(　　)直播方式。
    A. 场景直播营销　　　　　　　　　B. 互动直播营销
    C. 优惠直播营销　　　　　　　　　D. 跨界合作直播营销

9. 直播间经常有主播分享工作经历或者创业技巧,这是运用了(　　)互动技巧。
    A. 及时响应观众提问,增强参与感
    B. 展现灵动表情与动作,提升主播魅力
    C. 融入热门话题,幽默表达赢得好感
    D. 分享生活感受与经历,拉近与观众距离

二、简答题

1. 简述房地产网络营销的未来发展趋势。
2. 房地产项目与第三方网站合作的主要营销方式有哪些?
3. 微博营销的主要涨粉策略有哪些?
4. 简述房地产类短视频拍摄制作流程。
5. 房地产项目直播前期有哪些引流渠道?

答案解析

 实训任务

各小组成员采取分工合作的方式,在模块四实训任务成果的基础上,进行样本楼盘的网络营销策划,包括为项目制订网站、微博、微信、短视频和直播营销策划方案,将以上成果整理形成样本楼盘网络营销策划报告,并以PPT形式进行展示汇报。

实训指导

一、实训步骤

(1) 各组分工合作,由组长安排时间,分配任务。
(2) 各组进行样本楼盘网站营销策划。
(3) 各组进行样本楼盘微博营销策划。
(4) 各组进行样本楼盘微信营销策划。
(5) 各组进行样本楼盘短视频营销策划。
(6) 各组进行样本楼盘直播营销策划。
(7) 制作完成样本楼盘网络营销策划报告的 PPT。
(8) 小组代表上台进行成果汇报,学生互评、教师点评。
(9) 修改、提交报告成果,电子文档和打印稿各一份。

二、实训成果要求

1. 实训成果名称。
××楼盘网络营销策划报告
2. 实训报告格式。
(1) 封面:标题、班级、成员、指导教师。
(2) 目录。
(3) 正文。
① 进行网站及网站营销方式的选择,制订网站营销计划。
② 注册微博账号并制订微博营销计划。
③ 制订微信朋友圈和公众号营销计划。
④ 制订短视频营销计划,完成 2~4 条短视频创作和营销效果测试。
⑤ 制订直播营销活动方案,给出直播开场、互动等环节的具体建议。
(4) 实训过程及体会。
① 小组成员分工。
② 小组每个成员的实训心得体会。

三、实训考核要求

(1) 策划报告内容完整,分析细致深入,分工明确。
(2) 策划报告思路清晰、资料丰富翔实、页面设计图文并茂。
(3) 各种网络营销策略要相互呼应,体现策略的系统性和连续性。
(4) 口头汇报体系完整、重点突出、语言流畅、阐述到位。

参考文献

[1] 朱德义.房地产项目营销策划·模式·方案[M].北京:化学工业出版社,2018.
[2] 应佐萍.房地产营销策划实务[M].大连:东北财经大学出版社,2021.
[3] 中国建筑学会经济分会全国房地产经营与估价专业委员会.房地产市场营销与策划[M].北京:中国建筑工业出版社,2015.
[4] 陈林杰.房地产营销与策划实务[M].北京:机械工业出版社,2021.
[5] 刘群红,刘章生,刘桂海.房地产营销与策划[M].北京:化学工业出版社,2021.
[6] 华梅,蒋英.房地产营销操作实务[M].北京:中国建筑工业出版社,2010.
[7] 祖立厂,王召东.房地产营销策划[M].北京:机械工业出版社,2017.
[8] 李雪妍,张远索.房地产营销策划——案例分析与实践[M].北京:学苑出版社,2014.
[9] 肖涧松,邢旭东.房地产营销策划[M].北京:中国劳动社会保障出版社,2012.
[10] 余洁.房地产营销策划与执行[M].北京:化学工业出版社,2018.
[11] 赵轶.新编市场营销[M].北京:机械工业出版社,2022.
[12] 陈林杰,周正辉.房地产营销综合实训[M].北京:中国建筑工业出版社,2017.
[13] 卓坚红.房地产营销策划实训[M].重庆:重庆大学出版社,2012.
[14] 程镞,沈雪龙.网络营销实用教程[M].北京:中国人民大学出版社,2019.
[15] 陈德人.网络营销与策划理论、案例与实训[M].北京:人民邮电出版社,2019.
[16] 吕朝晖.网络营销理论与实务[M].北京:化学工业出版社,2016.
[17] 吕朝晖.网络营销实战[M].北京:中国人民大学出版社,2023.
[18] 秦琴,李丽.网络营销理论与实务[M].北京:中国轻工业出版社,2015.
[19] 黄文莉.网络营销实务[M].北京:机械工业出版社,2019.
[20] 郭仕明.房地产营销实战兵法[M].北京:化学工业出版社,2016.